GW01460199

© Librairie Générale Française, 1988, 2002, 2007.
ISBN : 978-2-253-08423-5 – 1re nouvelle édition L.G.F.
(ISBN : 2-253-08776-9 – 1re publication L.G.F.)

Collection dirigée par
Guillaume de la Rocque

Pierre Ravier   Werner Reuther

Guide pratique
de conversation
ITALIEN

Traduction de Simonetta Greggio

Le Livre de Poche

Sommaire

Sommaire

Culture • loisirs

Dictionnaire

Index...

Comment utiliser ce guide

Comment utiliser ce guide

Ce guide de conversation est destiné à toutes les personnes désirant se rendre en Italie et qui ne maîtrisent pas la langue italienne.

Il a été conçu de façon à faciliter les relations essentielles de la vie quotidienne. Plusieurs milliers de mots, de phrases et de formes syntaxiques permettront au lecteur de s'exprimer dans la plupart des cas susceptibles de se présenter à lui au cours de son voyage.

L'ouvrage comprend :

- **Un abrégé de grammaire** précisant quelques règles de la langue italienne.
- **Un code de prononciation** facilement utilisable et sans lequel le lecteur de ce guide risquerait de ne pas toujours être compris par ses interlocuteurs.
- **Un guide pratique d'utilisation de la langue** constitué de 6 grands chapitres rassemblant des thèmes présentés dans l'ordre alphabétique.
- **Un dictionnaire** de plus de 2 000 mots.
- **Un index** facilitant la recherche des rubriques.

Exemple d'utilisation du manuel

Le lecteur désire acheter un costume :

1. Il pourra trouver le mot dans le Dictionnaire (page 205).

2. Il pourra consulter le thème « Habillement » dans le chapitre « Achats ». Si le mot « habillement » ne lui vient pas immédiatement à l'esprit, le lecteur trouvera également le renvoi à cette rubrique dans l'Index, aux mots « vêtements » et « prêt-à-porter ».

La consultation de la rubrique « Habillement » présente l'avantage, par rapport au Dictionnaire, de faciliter la formulation de la demande par l'emploi de phrases toutes prêtes et de mots complémentaires figurant en ordre alphabétique et dans le vocabulaire. Le lecteur sera ainsi immédiatement en mesure de nommer le « pantalon », la « veste », le « tissu », la « couleur »... et de formuler ses observations et ses demandes : « Je voudrais un costume coupé suivant ce modèle », « Il faudrait raccourcir les manches », « Puis-je essayer... échanger ? », « Prenez mes mesures... », etc.

Abrégé de grammaire

Ce mémento grammatical, non exhaustif, se limite à un panorama général de la grammaire italienne qui vous permettra d'élargir vos possibilités d'expression et de satisfaire votre curiosité sur le plan grammatical.
Il faut savoir que dans la langue italienne, de même que dans la langue française, une des principales difficultés réside dans les exceptions aux règles...

L'article

Article défini

	Singulier	Pluriel
Masculin (le)	*lo spettacolo*	(les) *gli spettacoli*
	il treno	*i treni*
Féminin (la)	*la rosa*	(les) *le rose*

Article indéfini

	Singulier	Pluriel
Masculin (un)	*uno spettacolo*	(des) *degli spettacoli*
	un treno	*dei treni*
Féminin (une)	*una rosa*	(des) *delle rose*

Le pluriel de l'article indéfini est utilisé couramment depuis une époque récente.

En italien on évite d'utiliser l'article dans le type de phrase suivante :

Bevo (del) vino : je bois du vin.

Le genre et le nombre

Les noms et les adjectifs qui se terminent en « o » sont généralement masculins :

Il vino : le vin.
L'occhio : l'œil.
Lo spettacolo : le spectacle.

Les noms et les adjectifs qui se terminent en « a » sont généralement féminins.

> *La spiaggia* : la plage
> *La sabbia* : le sable.

Les exceptions sont cependant nombreuses.

Les noms qui se terminent en « i » et en « u » sont féminins :

> *La gioventù* : la jeunesse.
> *La crisi* : la crise.

Le féminin des adjectifs et de beaucoup de noms se forme en remplaçant le « o » par le « a » :

> *Contento* : content ; *contenta* : contente.

Le pluriel se forme en remplaçant « o » par « i » et « a » par « e » :

> *Cavallo* : cheval ; *cavalli* : chevaux.
> *Rosa* : rose ; *rose* : roses.

Les possessifs

Masculin	Singulier	Pluriel
mon	*il mio*	*i miei*
ton	*il tuo*	*i tuoi*
son	*il suo*	*i suoi*
notre	*il nostro*	*i nostri*
votre	*il vostro*	*i vostri*
leur	*il loro*	*i loro*

Féminin	Singulier	Pluriel
ma	*la mia*	*le mie*
ta	*la tua*	*le tue*
sa	*la sua*	*le sue*
notre	*la nostra*	*le nostre*
votre	*la vostra*	*le vostre*
leur	*la loro*	*le loro*

L'article s'emploie devant un possessif, même adjectif, pour souligner une idée :

> *Queste valigie sono (le) mie* : ces valises sont (à moi) les miennes.

Les démonstratifs

Masculin	questo	celui-ci, ce... ci
Féminin	questa	celle-ci, cette... ci
Masculin	quello	celui-là, ce... là
Féminin	quella	celle-là, cette... là

> *Questo ristorante è eccellente* : ce restaurant est excellent.
>
> *Quella ragazza è bella* : cette fille-là est belle.

Les comparatifs

Positif : *Paola è buona* : Paola est gentille.

Comparatif : *Paola è più buona di Marina* : Paola est plus gentille que Marina.

Superlatif : *Paola è buonissima* : Paola est très bonne.

Certains adjectifs ont des formes irrégulières dérivées du latin. On peut les employer pratiquement indifféremment :

Buono	più buono	migliore
	buonissimo	ottimo
Cattivo	più cattivo	peggiore
	cattivissimo	pessimo
Grande	più grande	maggiore
	grandissimo	massimo
Piccolo	più piccolo	minore
	piccolissimo	minimo

La négation

Pour exprimer la négation, il suffit de placer avant le verbe la particule négative « non » :

> *Sono di Roma* • *non sono di Roma* : je suis romain • je ne suis pas romain.
>
> *Non c'è posto* : il n'y a pas de place.

Le verbe

Nous avons exclu les modes et les temps verbaux présentant trop de complexité.

En revanche, nous vous donnons les éléments nécessaires pour que vous puissiez vous exprimer au présent, au passé (composé et imparfait) et au futur en utilisant les verbes réguliers et irréguliers les plus courants.

Il y a trois groupes de verbes définis par leur terminaison : ARE, ERE, IRE.

Les différentes personnes (pronoms sujets)

Io	je
Tu	tu
Lui ou lei	il ou elle
Noi	nous
Voi	vous
Loro	ils

Lorsque vous vous adressez aux personnes que vous ne connaissez pas, employez la troisième personne précédée ou non de « lei ».

> *Ha del pane ?* : vous avez du pain ?
>
> *Lei mi può aiutare* : vous pouvez m'aider.

Néanmoins, quand on s'adresse au personnel d'un magasin pris collectivement, on peut utiliser la deuxième personne du pluriel. Le pronom « voi » n'est pas nécessaire.

Le présent

Modèle pour les trois groupes réguliers :

	ARE	ERE
	amare (aimer)	*credere* (croire)
io	amo	credo
tu	ami	credi
egli/ella ou lui/lei	ama	crede
noi	amiamo	crediamo
voi	amate	credete
essi/esse ou loro	amano	credono

	IRE
	sentire (sentir ou entendre)
io	sento
tu	senti
egli/ella ou lui/lei	sente
noi	sentiamo
voi	sentite
essi/esse ou loro	sentono

Les verbes auxiliaires :

	ESSERE	AVERE
	(être)	(avoir)
io	sono	ho
tu	sei	hai
egli/ella ou lui/lei	è	ha
noi	siamo	abbiamo
voi	siete	avete
essi/esse ou loro	sono	hanno

Quelques verbes irréguliers :

	ANDARE	BERE
	(aller)	(boire)
io	vado	bevo
tu	vai	bevi
egli/ella ou lui/lei	va	beve
noi	andiamo	beviamo
voi	andate	bevete
essi/esse ou loro	vanno	bevono

	CHIEDERE	SAPERE
	(demander)	(savoir)
io	chiedo	so
tu	chiedi	sai
egli/ella ou lui/lei	chiede	sa
noi	chiediamo	sappiamo
voi	chiedete	sapete
essi/esse ou loro	chiedono	sanno

	VOLERE	*VENIRE*
	(vouloir)	(venir)
io	*voglio*	*vengo*
tu	*vuoi*	*vieni*
egli/ella ou lui/lei	*vuole*	*viene*
noi	*vogliamo*	*veniamo*
voi	*volete*	*venite*
essi/esse ou loro	*vogliono*	*vengono*

Le passé composé

Il se construit avec le présent des auxiliaires *essere* ou *avere* + le participe.

Formation du participe :

Verbe en ARE, remplacer la terminaison par « ATO » : *sono andato* : je suis allé.

Verbe en ERE, remplacer la terminaison par « UTO » : *ha perduto* : il a perdu.

Verbes en IRE, remplacer la terminaison par « ITO » : *sono partito* : je suis parti.

Quelques verbes irréguliers :

fare (faire) :	*fatto.*
dire (dire) :	*detto.*
scrivere (écrire) :	*scritto.*
vedere (voir) :	*visto.*
aprire (ouvrir) :	*aperto.*
coprire (couvrir) :	*coperto.*
rompere (rompre) :	*rotto.*
morire (mourir) :	*morto.*
mettere (mettre) :	*messo.*

L'imparfait

Pour les verbes en ARE, remplacer la terminaison par « AVO ».

Pour les verbes en ERE, remplacer la terminaison par « EVO ».

Pour les verbes en IRE, remplacer la terminaison par « IVO ».

	AMARE	CREDERE	SENTIRE
	(aimer)	(croire)	(sentir ou entendre)
io	amavo	credevo	sentivo
tu	amavi	credevi	sentivi
egli/ella ou lui/lei	amava	credeva	sentiva
noi	amavamo	credevamo	sentivamo
voi	amavate	credevate	sentivate
essi/esse ou loro	amavano	credevano	sentivano

Le futur

Pour les verbes en ARE, remplacer la terminaison par « ERÒ » à la première personne.

Pour les verbes en ERE, remplacer la terminaison par « ERÒ » à la première personne.

Pour les verbes en IRE, remplacer la terminaison par « IRÒ » à la première personne.

	AMARE	CREDERE	SENTIRE
	(aimer)	(croire)	(sentir ou entendre)
io	amerò	crederò	sentirò
tu	amerai	crederai	sentirai
egli/ella ou lui/lei	amerà	crederà	sentirà
noi	ameremo	crederemo	sentiremo
voi	amerete	crederete	sentirete
essi/esse ou loro	ameranno	crederanno	sentiranno

Code de prononciation

Vous trouverez ci-dessous les lettres de l'alphabet italien suivies de leur transcription phonétique que nous nous sommes efforcés de simplifier le plus possible afin d'en faciliter la lecture. Malgré les variantes phonétiques régionales, le bon usage que vous ferez de ce code vous garantit une parfaite compréhension de la part de vos interlocuteurs, de quelque région d'Italie qu'ils soient.

En italien, l'accent tonique n'est indiqué que s'il se trouve sur la dernière syllabe du mot :

(Exemple : *virtù* [vertu] ; *carità* [charité] ; *bontà* [bonté]). Seul l'usage courant de la langue peut vous familiariser avec lui.

Dans notre transcription phonétique, la lettre ou le groupe de lettres en caractères **gras** indiquent l'accentuation dans le langage parlé. N'hésitez donc pas à appuyer sur les voyelles grasses.

Afin d'éviter la tendance française à la nasalisation, dans les cas du « m » et du « n » devant toutes les consonnes nous avons doublé les signes : m = mm et n = nn.

Lettre	Transcription	Se prononce	Exemple
Voyelles			
a	a	comme en français, mais plutôt long dans les syllabes accentuées	pane = pa**nè**
	a	plutôt bref dans les syllabes atones	mattino = mattino
e	è	En italien, il existe plusieurs sons situés entre le é accent aigu et le è accent grave français. Mais en l'absence de règles bien définies et en raison de la diversité régionale italienne, nous avons opté pour un accent intermédiaire qui vous permettra d'être compris partout. Seule la pratique de la	me = mé facilement = fatchilmé**nn**té piede = pié**dé** viene = vié**né**

19

langue permet de faire vraiment la différence. Cet è (accent droit) a pour objet de signaler l'accentuation du e.

i	i	comme en français	venire = vènirè
i	ï	se prononce entre deux voyelles ou après une voyelle	noi = noï cuoio = cuoïo
o	o	fermè	colore = colorè
	o	ouvert	fuoco = fouoco giuoco = djouoko
u	ou	comme en français	muro = mouro

Consonnes

b	b	comme en français	bene = bènè
c	c	devant a, o, u, comme en français	caldo = caldo alcole = alcolè cure = courè
	tch	devant e et i	cento = tchènnto cinema = tchinèma
c + h	k	devant e et i	che = kè chiamare = kiamarè
c + i	tch	devant a, o, u pour indiquer la prononciation « tch »	ciao = tchao cioccolata = tchoccolata ciuffo = tchouffo
d	d	comme en français	dama = dama
f	f	comme en français	fuoco = fouoco
g	g	devant a, o, u comme en français (le u après g est toujours prononcè : guerra = gouerra)	gamba = gammba gola = gola gusto = gousto gente = djènntè gita = djita
g + h	gu	devant e et i	ghepardo = guèpardo ghiaccio = guiatcho
g + i	dj	devant a, o, u pour indiquer la prononciation « dj »	già = dja gioia = djoïa giù = djou
h		toujours muet	hotel = otel
l	l	comme en français	lotta = lotta
m	m	comme en français	mano = mano
n	n	comme en français	no = no
p	p	comme en français	poco = poco

qu	cou	le u après q est toujours prononcè	qui = coui
r	r	se prononce roulè, très roulè s'il est doublè	ora = ora torre = **to**rre
s	s	la prononciation du s varie selon les provinces	sera = s**é**ra scala = s**c**ala
t	t	comme en français	tanto = ta**nn**to
v	v	comme en français	vedere = v**é**d**é**rè
z	dz	doux	zero = d**z**éro
	ts	dur	nazione = na**ts**ioné

Doubles consonnes

cc	cc	devant a, o, u comme en français dans « accord »	bocca = **b**o**cc**a
	tch	devant e et i	accesso = a**tch**èsso accidente = a**tch**idènnté
cc + i	tch	devant a, o, u pour indiquer la prononciation « tch »	ghiaccio = **gui**a**tch**o goccia = **g**o**tch**a
cc + h	k	devant e et i	orecchi = oré**k**i
gg	gg	devant a, o, u et consonnes comme en français dans « aggraver »	aggraffatore = a**gg**ra**ff**atorè
	dj	devant e et i	aggettivo = a**dj**èttivo
gg + i	dj	devant a, o, u pour indiquer la prononciation « dj »	paggio = pa**dj**o
gli	ly	devant a, e, o, u se prononce très mouillé	(gli = ly) moglie = mo**ly**è voglio = vo**ly**o
ll	ll	n'est jamais mouillé	allora = a**ll**ora
gn	ny	se prononce doux comme dans « campagne »	agnello = a**ny**èllo
sc	ch	devant e et i	scelto = **ch**èlto sci = **ch**i
sc + i	ch	devant a, o, u pour indiquer la prononciation « ch »	sciampo = **ch**ammpo sciolto = **ch**olto sciupare = **ch**uparè
sc + h	sk	devant e et i pour indiquer la prononciation « sk »	schema = s**k**éma schiena = s**ki**èna

Les bases de la conversation

Âge • Dates

età • date
età - èta • date - datè

Quel **âge** avez-vous ?

Quanti anni ha ?
couannti anni a ?

J'ai vingt et un **ans**... trente ans.

Ho ventun'anni... trenta.
o vènntounanni... trènnta.

J'aurai... **ans** dans... mois.

Avrò... anni tra... mesi.
avro... anni tra... mèsi.

J'ai un **an** de plus que...

Ho un anno più di...
o oun anno piou di...

Quelle **date** sommes-nous ?

Quanti ne abbiamo oggi ?
couannti nè abbiamo odji ?

Il (elle) paraît plus **jeune** que son âge.

Sembra più giovane della sua età.
sèmmbra piou djovanè dèlla soua èta.

Nous sommes le 24 août, **jour** de mon anniversaire.

È il ventiquattro agosto, giorno del mio compleanno.
è il vènnticouattro agosto, djorno dèl mio commplèanno.

SPECTACLE **INTERDIT AUX MOINS DE DIX-HUIT ANS.** AUX **MINEURS**... AUX ENFANTS DE MOINS DE DIX ANS.

SPETTACOLO VIETATO AI MINORI DI DICIOTTO ANNI... AI MINORENNI... AI BAMBINI DI MENO DI DIECI ANNI.

spêttacolo viêtato aï minori di
ditchotto anni... aï minorênni... aï
bammbini di mêno di diêtchi anni.

Vocabulaire		
Adultes	*gli adulti*	adoulti
POUR ADULTES	*PER ADULTI*	pêr adoulti
Âge	*l'età*	êta
Anniversaire	*il compleanno*	commplêanno
Ans	*gli anni*	anni
Aujourd'hui	*oggi*	odji
Centenaire	*il centenario*	tchênntênario
Date de naissance	*la data di nascita*	data di nachita
Demain	*domani*	domani
Hier	*ieri*	iêri
Jeune	*giovane*	djovanê
Jeunesse	*la giovinezza*	djovinêtsa
Jour	*il giorno*	djorno
Majeur	*maggiorenne*	madjorênnê
Mineur	*minorenne*	minorênnê
Mois	*il mese*	mêsé
Né le (je suis)	*nato il (sono)*	nato il (sono)
Naissance	*la nascita*	nachita
Naître	*nascere*	nachêrê
Vieillesse	*la vecchiaia*	vêkiaia
Vieillir	*invecchiare*	innvêkiarê
Vieux	*i vecchi, il vecchio*	vêki, vêkio

Expressions usuelles

espressioni usuali
èsprèssioni ousouali

Vocabulaire		
À cause de	*a causa di*	a caousa di
À côté de	*vicino a*	vitchino a
À droite	*a destra*	a dêstra
À gauche	*a sinistra*	a sinistra

Ainsi	*così*	cosi
Alors	*allora*	allora
Ancien	*vecchio*	vékio
À peine	*appena*	appéna
Après	*dopo*	dopo
Assez	*abbastanza*	abbastanntsa
À travers	*attraverso*	attravèrso
Au contraire	*al contrario*	all conntrario
Au-dessous	*sotto*	sotto
Au-dessus	*sopra*	sopra
Au milieu de	*in mezzo a*	in médzo a
Autant	*altrettanto*	alltrèttannto
Autant que	*altrettanto di*	alltrèttannto di
Autour	*attorno*	attorno
Avant	*avanti, prima*	avannti, prima
Avec	*con*	conn
Beau	*bello*	bèllo
Bientôt	*presto*	prèsto
Bon appétit	*buon appetito*	bouonn appétito
Bonjour	*buongiorno*	bouonndjorno
Bon marché	*(a) buon mercato*	bouonn mèrcato
Bonne nuit	*buona notte*	bouona nottè
Bonsoir	*buona sera*	bouona sèra
Ça suffit	*basta (così)*	basta (cosi)
Car	*perché*	perkè
Ce, celle	*quello, quella*	couèllo, couèlla
Cela m'est égal	*è lo stesso*	è lo stèsso
Celui-ci, celle-ci	*questo, questa*	couèsto, couèsta
Ce n'est pas	*non è*	non è
Cependant	*mentre*	mènntrè
Certainement	*certamente*	tchèrtamènntè
C'est	*è*	è
C'est à elle	*è sua*	è soua
C'est à lui	*è suo*	è souo
C'est à moi	*è mio*	è mio
Cet, cette	*questo, questa*	couèsto, couèsta
Ceux-ci	*questi*	couèsti
Chacun	*ciascuno*	tchascouno
Chaque	*ogni*	ony
Chaud	*caldo*	caldo
Cher	*caro*	caro

Combien	*quanto*	couanto
Comment	*come*	comè
Comprends (je)	*capisco*	capìsco
Comprends pas (je ne)	*non capisco*	non capìsco
D'accord	*d'accordo*	d'accordo
Davantage	*di più*	di piou
Debout	*in piedi*	inn pièdi
Dedans	*dentro*	dènntro
Dehors	*fuori*	fouori
Déjà	*già*	dja
Dépêchez-vous	*si sbrighi ou sbrigatevi*	si sbrigui, sbrigatèvi
Depuis	*da quando*	da couanndo
Derrière	*dietro*	diètro
Dessous	*sotto*	sotto
Dessus	*sopra*	sopra
De temps en temps	*di tanto in tanto*	di tannto inn tannto
Devant	*davanti*	davannti
Difficile	*difficile*	diffitchilè
En arrière	*indietro*	inndiètro
En avant	*avanti*	avannti
En bas	*in basso*	inn basso
En dehors de	*in fuori*	inn fouori
En effet	*effettivamente*	èffètivamentè
En face de	*di fronte a*	di fronntè a
En haut	*in alto*	inn alto
Est-ce ? N'est-ce pas ?	*è ? no vero ?*	è ? no vèro ?
Et	*e*	è
Facile	*facile*	fatchilè
Faim (j'ai)	*ho fame*	o famè
Fatigué (je suis)	*sono stanco*	sono stannco
Faux	*falso*	falso
Fermé	*chiuso*	kiouso
Froid	*freddo*	frèddo
Gentil	*gentile*	djènntilè
Grand	*grande*	granndè
Ici	*qui*	coui
Il y a	*c'è*	tchè
Il n'y a pas	*non c'è*	nonn tchè
Importance (sans)	*(senza) importanza*	sènntsa immportanntsa

27

Important (c'est)	*(è) importante*	è immmportanntè
Impossible (c'est)	*(è) impossibile*	è immpossibilè
Jamais	*mai*	maï
Jeune	*giovane*	djovanè
Jusqu'à	*fino a*	fino a
Juste	*giusto*	djousto
Là	*là*	la
Là-bas	*laggiù*	ladjou
Laid	*brutto*	broutto
Léger	*leggero*	lèdjèro
Lequel • laquelle	*quale*	coualè
Loin	*lontano*	lonntano
Longtemps	*molto tempo*	molto tèmmpo
Lourd	*pesante*	pèsanntè
Maintenant	*ora*	ora
Malgré	*malgrado*	malgrado
Mauvais	*cattivo*	cattivo
Méchant	*cattivo*	cattivo
Meilleur	*migliore*	migliorè
Merci beaucoup	*grazzie tante*	gratsiè tanntè
Non	*no*	no
Nouveau	*nuovo*	nouovo
Où	*dove*	dovè
Ou	*o*	o
Ou bien	*oppure*	oppourè
Oui	*si*	si
Ouvert	*aperto*	apèrto
Par	*da ou attraverso*	da *ou* attravèrso
Parce que	*perchè*	perkè
Par exemple	*per esempio*	pèr èsèmmpio
Parfois	*talvolta*	talvolta
Par ici	*di qua*	di coua
Parmi	*tra*	tra
Partout	*dappertutto*	dappèrtoutto
Pas assez	*non abbastanza*	non abbastanntsa
Pas du tout	*per niente*	pèr niènntè
Pas encore	*non ancora*	non ancora
Pas tout à fait	*non esattamente*	non èsattamènntè
Pendant	*durante*	douranntè
Petit	*piccolo*	piccolo
Peu	*poco*	poco

Peut-être	*forse*	forsé
Pire	*peggio*	pèdjo
Plusieurs fois	*più volte*	piou voltè
Pour	*per*	pèr
Pourquoi	*perchè*	pèrkè
Pouvez-vous	*può*	pouo
Près	*vicino*	vitchino
Presque	*quasi*	couasi
Probablement	*probabilmente*	probabilménntè
Puis-je ?	*posso*	posso
Quand	*quando*	couanndo
Quel, quelle	*quale*	coualè
Quelquefois	*qualche volta*	coualkè volta
Qui ?	*chi ?*	ki ?
Quoi ?	*cosa ?*	cosa ?
Quoique	*anche se*	annkè sè
Sans	*senza*	sènntsa
Sans doute	*senza dubbio*	sènntsa doubbio
Si	*se*	sè
S'il vous plaît	*per favore*	pèr favorè
Sommeil (j'ai)	*ho sonno*	o sonno
Sous	*sotto*	sotto
Sous peu	*tra poco*	tra poco
Sur	*sopra*	sopra
Tant	*tanto*	tannto
Tant mieux	*meglio così*	mèlyo cosi
Tant pis	*tanto peggio*	tannto pèdjo
Temps (je n'ai pas le)	*non ho tempo*	nonn o tèmmpo
Tôt	*presto*	prèsto
Tout de suite	*subito*	soubito
Très	*molto*	molto
Très bien, merci	*molto bene, grazie*	molto bènè, gratsiè
Trop	*troppo*	troppo
Urgent (c'est)	*è urgente*	è ourdjènntè
Vers	*verso*	vèrso
Veux pas (je ne)	*non voglio*	nonn volyo
Vieux	*vecchio*	vèkio
Vite	*veloce*	vélotchè
Voici	*ecco*	ècco
Volontiers	*volentieri*	volènntièri

Famille

| famiglia |
| familya |

Vocabulaire		
Adultes	*gli adulti*	adoulti
Beau-frère	*il cognato*	conyato
Beau-père	*il suocero*	souotchèro
Belle-fille	*la nuora*	nouora
Belle-mère	*la suocera*	souotchèra
Belle-sœur	*la cognata*	conyata
Célibataire (masc.)	*celibe*	tchèlibè
– (fém.)	*nubile*	noubilè
Décès	*il decesso*	dètchèsso
Descendant	*il discendente*	dichènndèntè
Divorce	*il divorzio*	divortsio
Enfant	*il bambino*	bammbino
Femme	*la donna*	donna
– (épouse)	*la moglie*	molyè
Fiançailles	*il fidanzamento*	fidanntsamènnto
Fiancé (masc.)	*il fidanzato*	fidanntsato
– (fém.)	*la fidanzata*	fidanntsata
Fille	*la figlia*	filya
Fils	*il figlio*	filyo
Frère	*il fratello*	fratèllo
Garçon	*il ragazzo*	ragadzo
Gendre	*il genero*	djènèro
Grand-mère	*la nonna*	nonna
Grand-père	*il nonno*	nonno
Grands-parents	*i nonni*	nonni
Homme	*l'uomo*	ouomo
Mari	*il marito*	marito
Mariage	*il matrimonio*	matrimonio
Marié(e)	*sposato(a)*	sposato(a)
Mère	*la madre*	madrè
Neveu	*il nipote*	nipotè
Nièce	*la nipote*	nipotè
Nom	*il cognome*	conyomè
Oncle	*lo zio*	dzio
Parents	*i genitori*	djènitori

Père	*il padre*	padrè
Petite-fille	*la nipotina*	nipotina
Petit-fils	*il nipotino*	nipotino
Prénom	*il nome*	nomè
Sœur	*la sorella*	sorélla
Tante	*la zia*	dzia

Jours fériés

giorni festivi
djorni fèstivi

Vocabulaire		
1er janvier	*uno gennaio*	ouno djènnaïo
Jour de l'an	*il primo dell'anno*	primo dèll anno
	Capo d'anno	capo d'anno
6 janvier	*sei gennaio*	sèi djènnaïo
Épiphanie	*Epifania (religieux)*	èpifania
	la Befana (profane)	bèfana
Pâques	*Pasqua*	pascoua
Lundi de Pâques	*il lunedì dell'angelo*	lounèdi dèll'anndjèlo
25 avril	*venticinque aprile*	vènntitchinncoué aprilè
Libération	*la liberazione*	libèratsionè
1er mai	*primo maggio*	primo madjo
Fête du travail	*la festa del lavoro*	fèsta dèl lavoro
Pentecôte	*la Pentecoste*	pènntècostè
15 août	*quindici agosto*	couinnditchi agosto
Assomption	*l'assunzione della Vergine*	assounntsionè dèlla vèrdjinè
1er novembre	*primo novembre*	primo novemmbrè
Toussaint	*Ognissanti*	onyssannti
8 décembre	*otto dicembre*	otto ditchèmmbrè
Immaculée conception	*l'Immacolata concezione*	immacolata conntchètsionè
25 décembre	*venticinque dicembre*	vènntitchinncoué ditchèmmbrè
Noël	*il Natale*	natalè
26 décembre	*ventisei dicembre*	vènntisèi ditchèmmbrè
	santo Stefano	sannto stèfano

Mesures · distances

misure · distanze
misourè · distanndzé

Vocabulaire		
LONGUEURS	*LUNGHEZZE*	lounnguétsé
Centimètre	*il centimetro*	tchènntimétro
Kilomètre	*il chilometro*	kilomètro
Mètre	*il metro*	mètro
Mille marin	*il miglio marino*	milyo marino
POIDS	*PESI*	Pèsi
Gramme	*il grammo*	grammo
Hectogramme	*l'ettogrammo*	ettogrammo
Kilogramme	*il chilogrammo*	kilogrammo
Quintal	*il quintale*	couinntalè
Tonne	*la tonnellata*	tonnèllata
SURFACES	*SUPERFICI*	soupèrfitchi
Kilomètre carré	*il chilometro quadrato*	kilomètro couadrato
Mètre carré	*il metro quadrato*	mètro couadrato
VOLUMES	*VOLUMI*	voloumi
Décalitre	*il decalitro*	dècalitro
Hectolitre	*l'ettolitro*	èttolitro
Litre	*il litro*	litro
Mètre cube	*il metro cubo*	mètro coubo
Quart	*il quarto di litro*	couarto di litro
DIVERS		
Densité	*la densità*	dènnsita
Épaisseur	*lo spessore*	spèssorè
Étroit	*stretto*	strètto
Hauteur	*l'altezza*	altètsa
Large	*largo*	largo
Largeur	*la larghezza*	larguètsa
Long	*lungo*	lounngo
Longueur	*lunghezza*	lounnguètsa
Profondeur	*la profondità*	profonndita

Nombres

numeri
noumèri

Vocabulaire		
0	*zero*	dzèro
1	*uno*	ouno
2	*due*	douè
3	*tre*	trè
4	*quattro*	couattro
5	*cinque*	tchinncoué
6	*sei*	sèi
7	*sette*	sèttè
8	*otto*	otto
9	*nove*	novè
10	*dieci*	diètchi
11	*undici*	ounnditchi
12	*dodici*	doditchi
13	*tredici*	trèditchi
14	*quattordici*	couattorditchi
15	*quindici*	couinnditchi
16	*sedici*	sèditchi
17	*diciassette*	ditchassèttè
18	*diciotto*	ditchotto
19	*diciannove*	ditchannovè
20	*venti*	vènnti
21	*ventuno*	vènntouno
22	*ventidue*	vènntidouè
23	*ventitre*	vènntitrè
24	*ventiquattro*	vènnticouattro
25	*venticinque*	vènntitchinncoué
26	*ventisei*	vènntisèi
27	*ventisette*	vènntisèttè
28	*ventotto*	vènntotto
29	*ventinove*	vènntinovè
30	*trenta*	trènnta
31	*trentuno*	trènntouno
32	*trentadue*	trènntadouè
40	*quaranta*	couarannta

50	*cinquanta*	tchinncouannta
60	*sessanta*	sèssannta
70	*settanta*	sèttannta
80	*ottanta*	ottannta
90	*novanta*	novannta
100	*cento*	tchènnto
200	*duecento*	douètchènnto
300	*trecento*	trétchènnto
400	*quattrocento*	couattrotchènnto
500	*cinquecento*	tchinncouètchènnto
600	*seicento*	sèitchènnto
700	*settecento*	sèttéchènnto
800	*ottocento*	ottotchènnto
900	*novecento*	novètchènnto
1 000	*mille*	millè
10 000	*diecimila*	diètchimila
100 000	*centomila*	tchènntomila
1 000 000	*un milione*	oun milionè
Premier	*primo*	primo
Deuxième	*secondo*	sèconndo
Troisième	*terzo*	tèrtso
Quatrième	*quarto*	couarto
Cinquième	*quinto*	couinnto
Sixième	*sesto*	sèsto
Septième	*settimo*	sèttimo
Huitième	*ottavo*	ottavo
Neuvième	*nono*	nono
Dixième	*decimo*	dètchimo
Demi (1/2)	*mezzo*	mèdzo
Tiers (1/3)	*un terzo*	tèrtso
Quart (1/4)	*un quarto*	couarto
Trois quarts (3/4)	*tre quarti*	trè couarti
2 pour cent	*due per cento*	douè pèr tchènnto
10 pour cent	*dieci per cento*	diètchi pèr tchènnto

Politesse • rencontres

cortesia • incontri
cortèsia • innconntri

Puis-je vous **accompagner** ?

Posso accompagnarla ?
posso accompanyarla ?

Pourriez-vous m'**aider** à connaître votre région...
votre ville ?

**Potrebbe aiutarmi a conoscere
la sua regione...
la sua città ?**
potrèbbè aioutarmi a conochèrè
la soua rèdjonè...
la soua tchitta ?

Vous êtes trop **aimable**.

È molto gentile da parte sua.
é molto djènntilè da partè soua.

J'**aime** beaucoup votre pays.

Il suo paese mi piace molto.
il souo paèsè mi piatchè molto.

Comment vous **appelez**-vous ?

Come si chiama ?
comè si kiama ?

Allons **boire** un verre !

Andiamo a bere un bicchiere !
anndiamo a bèrè oun bikièrè !

Cessez de m'importuner !

La smetta d'importunarmi.
la smètta d'immportounarmi.

Je ne vous **comprends** pas bien.

Non la capisco bene.
nonn la capisco bènè.

Je ne voudrais pas vous **déranger**.
> **Non vorrei disturbarla.**
> nonn vorrèï distourbarla.

Je suis **désolé** de ce retard.
> **Sono spiacente per il ritardo.**
> sono spiatchènntè pèr il ritardo.

Avez-vous du **feu**, s'il vous plaît ?
> **Ha da accendere per favore ?**
> a da atchènndèrè, pèr favorè ?

À quelle **heure** puis-je venir ?
> **A che ora posso venire ?**
> a kè ora posso vènirè ?

Heureux de vous connaître.
> **Sono felice di conoscerla (***ou***
> piacere).**
> sono fèlitchè di conochèrla (*ou*
> piatchèrè).

Un **instant**, s'il vous plaît.
> **Un momento, per favore.**
> oun momènnto, pèr favorè.

Merci pour cette **invitation**.
> **Grazie per l'invito.**
> gratsiè pèr l'innvito.

Nous aimerions vous **inviter** à déjeuner... à dîner.
> **Ci piacerebbe averla a pranzo...
> a cena.**
> tchi piatchèrèbbè avèrla a prantso...
> a tchèna.

Êtes-vous **libre**, ce soir ?
> **È libera – libero, stasera ?**
> è libèra – libèro, stasèra ?

Madame... mademoiselle... monsieur, **parlez**-vous français ?

> **Signora... signorina... signore, parla francese ?**
> sinyora... sinyorina... sinyorè, parla franntchèsé ?

Parlez plus lentement.

> **Parli più lentamente.**
> parli piou lénntaménnté.

De quel **pays** venez-vous ?

> **Da dove viene ?**
> da dovè viènè ?

Je me **permets** de vous présenter monsieur, madame, mademoiselle...

> **Posso presentarle il signore, la signora, la signorina...**
> posso présènntarlè il sinyorè, la sinyora, la sinyorina...

Permettez-moi de me présenter.

> **Mi permetta di presentarmi.**
> mi pérmètta di présènntarmi.

Me **permettez-vous** de vous inviter à déjeuner... à dîner... à danser ?

> **Mi permette di invitarla a pranzo... a cena... a ballare ?**
> mi pérmèttè di innvitarla a pranntso... a tchèna... a ballarè ?

Pourriez-vous **répéter**... me dire... s'il vous plaît ?

> **Può ripetermi... dirmi... per favore ?**
> pouo ripètermi... dirmi... pèr favorè ?

Où peut-on se **retrouver** ?

> **Dove possiamo vederci ?**
> dove possiamo vedèrtchi ?

J'espère que nous nous **reverrons**.

> **Spero che ci rivedremo.**
> spèro kè tchi rivèdrèmo.

Je suis **seul**, voulez-vous m'accompagner ?

> **Sono solo, vuol accompagnarmi ?**
> sono solo, vouol accommpanyarmi ?

Pouvez-vous me laisser votre numéro de **téléphone** ?

> **Può lasciarmi il suo numero
> di telefono ?**
> pouo lacharmi il souo noumèro
> di tèlèfono ?

Combien de **temps** restez-vous ?

> **Quanto tempo resta ?**
> couannto tèmmpo rèsta ?

Quel beau **temps !** n'est-ce pas ?

> **Che bel tempo ! non trova ?**
> kè bèl tèmmpo ! nonn trova ?

Je n'ai pas le **temps** de vous parler.

> **Non ho tempo di parlarle.**
> nonn o tèmmpo di parlarlè.

Depuis combien de **temps** êtes-vous ici ?

> **Da quanto tempo è qui ?**
> da couannto tèmmpo è coui ?

Je suis en **vacances**... en **voyage d'affaires**.

> **Sono in vacanza... in viaggio
> d'affari.**
> sono inn vacanntsa... inn viadjo
> d'affari.

VOCABULAIRE

À bientôt	*a presto*	a prèsto
À ce soir	*a stasera*	a stasèra
À demain	*a domani*	a domani
Adieu	*addio*	addio
Aider	*aiutare*	aioutarè
Aimerais (j')	*mi piacerebbe*	piatchérèbbè
Asseyez-vous	*si sieda*	si sièda
Attendez-moi	*aspetti*	aspètti
Au revoir	*arrivederci*	arrivedèrtchi
Avec plaisir	*con piacere*	conn piatchérè
À votre service	*a sua disposizione*	a soua dispositsionè
Beau	*bello*	bèllo
Belle	*bella*	bèlla
Bien	*bene*	bènè
Boire	*bere*	bèrè
Bon	*buono*	bouono
Bon appétit	*buon appetito*	bouon appètito
Bonjour madame	*buongiorno signora*	bouonndjorno sinyora
– mademoiselle	*– signorina*	– sinyorina
– monsieur	*– signore*	– sinyorè
Bonne nuit	*buona notte*	bouona nottè
Bonsoir	*buona sera*	bouona sèra
Ça va	*va bene*	va bènè
Certainement	*certamente*	tchèrtamènntè
C'est délicieux	*é delizioso*	è délitsioso
C'est merveilleux	*é meraviglioso*	è mèravilyoso
C'est possible	*é possibile*	è possibilè
Chaud (j'ai)	*ho caldo*	kaldo
Comment allez-vous ?	*come sta ?*	comè sta ?
Bien, merci, et vous ?	*bene, grazie, e lei ?*	bènè, gratsiè, è lèi ?
Comprendre	*capire*	capirè
Déjeuner	*pranzare*	pranntsarè
De rien	*di niente*	di nièinntè
Dîner	*cenare*	tchènarè
Dormir	*dormire*	dormirè
Enchanté	*tanto piacere*	tannto piatchérè
En retard	*in ritardo*	inn ritardo

Les bases de la conversation

Entrez, je vous prie	*entri, la prego*	ènntri, la prègo
Excusez-moi	*mi scusi*	mi scousi
Faim (j'ai)	*ho fame*	o famè
Fatigué (je suis)	*sono stanco*	stannco
Froid (j'ai)	*ho freddo*	frèddo
Heureux	*felice*	fèlitchè
Instant	*attimo*	attimo
Invitation	*invito*	innvito
Inviter	*invitare*	innvitarè
Mal	*male*	malè
Merci	*grazie*	gratsiè
– beaucoup	*molte grazie*	moltè gratsiè
Non	*no*	no
Oui	*si*	si
Pardon	*scusi*	scousi
Parler	*parlare*	parlarè
Perdu (je suis)	*mi sono perso*	pèrso
Permettez-moi	*mi permetta*	mi pèrmètta
Peut-être	*forse*	forsè
Pourquoi ?	*perché*	pèrkè
Pourriez-vous	*può*	pouo
Présenter	*presentare*	présénntarè
Pressé (je suis)	*ho fretta*	o frètta
Quand ?	*quando ?*	couanndo ?
Quelle heure (à) ?	*a che ora ?*	a kè ora ?
Regretter	*spiacersi*	spiatchèrsi
S'il vous plaît	*per favore*	pèr favorè
Soif (j'ai)	*ho sete*	sètè
Sommeil (j'ai)	*ho sonno*	sonno
Très bien	*molto bene*	molto bènè
Visiter	*visitare*	visitarè
Volontiers	*volentieri*	volènntièri
Voudrais (je)	*vorrei*	vorrèi

Temps (climat)

> *tempo • clima*
> tèmmpo • clima

Quel temps va-t-il faire aujourd'hui ?

> **Che tempo farà oggi ?**
> kè tèmmpo fara odji ?

Il va faire **beau** et **froid**... **beau** et **chaud**.

> **Farà bello e freddo... bello e caldo.**
> fara bèllo è frèddo... bèllo è caldo.

Il fait **chaud** et **lourd**.

> **Fa caldo e afoso.**
> fa caldo è afoso.

Le **ciel** est **clair**.

> **Il cielo è chiaro.**
> il tchèlo è kiaro.

Les routes sont **gelées**.

> **Le strade sono ghiacciate.**
> lè stradè sono guiatchatè.

Il va **pleuvoir**... **neiger**.

> **Pioverà... nevicherà.**
> piovèra... nèvikèra.

La **pluie**... l'**orage** menace.

> **La pioggia... il temporale sta per venire.**
> la piodja... il tèmmporalè sta pèr vènirè.

Vocabulaire		
Air	*l'aria*	aria
Averse	*l'acquazzone*	acouadzonè
Beau	*bello*	bèllo
Bleu	*blu*	blou

Brille	brilla	brilla
Brouillard	la nebbia	nèbbia
Brume	la bruma	brouma
Chaleur	il calore	calorè
Chaud	caldo	caldo
Ciel	il cielo	tchèlo
Clair	chiaro	kiaro
Climat	il clima	clima
Couvert	coperto	copèrto
Dégagé	scoperto • chiaro	scopèrto • kiaro
Éclair	il lampo	lammpo
Éclaircie	la schiarita	skiarita
Frais	fresco	frèsco
Froid	freddo	frèddo
Gèle (il)	gela	djèla
Gelé(e)	gelato(a)	djèlato(a)
Glace	il ghiaccio	guiatcho
Grêle	la grandine	granndinè
– (il)	grandina	granndina
Gris	grigio	gridjo
Humide	umido	oumido
Mouillé(e)	bagnato(a)	banyato(a)
Neige	la neve	nèvé
– (il)	nevica	nèvica
Nuage	la nuvola	nouvola
Nuageux	nuvoloso	nouvoloso
Orage	il temporale	tèmmporalè
Parapluie	l'ombrello	ombrèllo
Pluie	la pioggia	piodja
Pluvieux	piovoso	piovoso
Sec	secco	sècco
Soleil	il sole	solè
Sombre	scuro	scouro
Température	la temperatura	tèmmpératoura
Tempéré	temperato	tèmmpérato
Tempête	la tempesta	tèmmpèsta
Temps (beau)	il bel tempo	bèl tèmmpo
– (mauvais)	il cattivo tempo	cattivo tèmmpo
– variable	tempo variabile	tèmmpo variabilè
Tonnerre	il tuono	touono
Tropical	tropicale	tropicalè

Vent	*il vento*	vènnto
Vente (il)	*c'é vento*	tché vènnto
Verglacé(e)	*ghiacciato(a)*	guiatchato(a)
Verglas	*il ghiaccio*	guiatcho

Temps (durée)

tempo • durata
tèmmpo • dourata

Quelle heure est-il ?

Che ore sono ?
kè orè sono ?

Il est quatre heures... et quart... et demie... moins le quart.

**Sono le quattro... e un quarto...
e mezzo... meno un quarto.**
sono lè couattro... è oun couarto...
è mèdzo... mènno oun couarto.

Depuis une heure... huit heures du matin... deux jours... une semaine.

**Da un'ora... dalle otto di mattina...
da due giorni... da una settimana.**
da oun'ora... dallè otto di mattina...
da douè djorni... da ouna sèttimana.

Combien de temps **dure** la représentation... le trajet ?

**Quanto tempo dura
la rappresentazione...
il tragitto ?**
couannto tèmmpo doura
la raprèsènntatsionè...
il tradjitto ?

Cette horloge marque-t-elle l'**heure exacte** ?

Questo orologio è esatto ?
couèsto orolodjo è èsatto ?

Pendant la **matinée**... la **soirée**... la **journée**.

> **Durante la mattinata... la serata... la giornata.**
> douranntè la mattinata... la sèrata... la djornata.

Pendant combien de temps ?

> **Per quanto tempo ?**
> pèr couannto tèmmpo ?

Prenons **rendez-vous** pour... à...

> **Appuntamento per... a...**
> appunntamènnto pèr... a...

De **temps en temps**.

> **Di tanto in tanto.**
> di tannto inn tannto.

Vocabulaire		
Année	*l'anno*	anno
– bissextile	*– bisestile*	– bisèstilè
– dernière	*– scorso*	– scorso
– prochaine	*– prossimo*	– prossimo
Après	*dopo*	dopo
Après-demain	*dopodomani*	dopodomani
Après-midi	*il pomeriggio*	pomèridjo
Attendre	*aspettare*	aspèttarè
Aujourd'hui	*oggi*	odji
Automne	*l'autunno*	aoutounno
Autrefois	*una volta*	ouna volta
Avancer	*avanzare*	avanntsarè
Avant	*prima*	prima
Avant-hier	*l'altro ieri*	altro ièri
Avenir	*il futuro*	foutouro
Calendrier	*il calendario*	calènndario
Changement d'heure	*il cambiamento orario*	cammbiamènnto orario
Commencement	*inizio*	initsio
Date	*la data*	data

Délai	la proroga	proroga
Demi-heure	mezz'ora	mèdzora
Depuis	da	da
Dernier	ultimo	oultimo
Été	l'estate	èstatè
Éternité	l'eternità	ètèrnita
Fin	la fine	finè
Futur	il futuro	foutouro
Heure	l'ora	ora
– d'été	– d'estate	– d'èstatè
– d'hiver	– d'inverno	– d'innvèrno
Hier	ieri	ièri
Hiver	l'inverno	innvèrno
Instant	l'istante	istanntè
JOUR	GIORNO	djorno
Lundi	lunedì	lounèdi
Mardi	martedì	martèdi
Mercredi	mercoledì	mèrcolèdi
Jeudi	giovedì	djovèdi
Vendredi	venerdì	vènèrdi
Samedi	sabato	sabato
Dimanche	domenica	domènica
Jour férié	il giorno festivo	djorno fèstivo
– ouvrable	– feriale	– fèrialè
Matin	il mattino	mattino
Midi	il mezzogiorno	mèdzodjorno
Milieu	il centro	tchènntro
Minuit	la mezzanotte	mèdzanottè
Minute	il minuto	minouto
MOIS	MESE	mèsè
Janvier	gennaio	djènnaio
Février	febbraio	fébbraio
Mars	marzo	martso
Avril	aprile	aprilè
Mai	maggio	madjo
Juin	giugno	djounyo
Juillet	luglio	loulyo
Août	agosto	agosto
Septembre	settembre	séttèmmbrè
Octobre	ottobre	ottobrè
Novembre	novembre	novèmmbrè
Décembre	dicembre	ditchèmmbrè

Les bases de la conversation

Moment	*il momento*	momènnto
Nuit	*la notte*	nottè
Passé	*il passato*	passato
Passer le temps	*passare il tempo*	passarè il tèmmpo
Présent	*il presente*	prèsènntè
Printemps	*la primavera*	primavèra
Quand	*quando*	couanndo
Quart d'heure	*il quarto d'ora*	couarto d'ora
Quinzaine	*quindicina*	couinnditchina
Quotidien	*il quotidiano*	couotidiano
Retard	*il ritardo*	ritardo
Retarder	*ritardare*	ritardarè
Saison	*la stagione*	stadjonè
Seconde	*il secondo*	sèconndo
Semaine	*la settimana*	sèttimana
– dernière	*– scorsa*	– scorsa
– prochaine	*– prossima*	– prossima
Siècle	*il secolo*	sècolo
Soir	*la sera*	sèra
Soirée	*la serata*	sèrata
Tard	*tardi*	tardi
Tôt	*presto*	prèsto
Veille	*la vigilia*	vidjilia
Vite	*presto*	prèsto
Week-end	*il fine settimana*	finè sèttimana

En cas de problème

Police

polizia
politsia

Où est le commissariat de police le plus proche ?

Dov'è il commissariato di polizia più vicino ?
dov'é il commissariato di politsia piou vitchino ?

Pouvez-vous m'aider ?

Può aiutarmi ?
pouo aioutarmi ?

C'est arrivé à l'hôtel... dans ma chambre... dans la rue... dans ma voiture... ce matin... cette nuit... hier... maintenant...

È successo in albergo... in camera mia... in strada... nella mia auto... stamattina... stanotte... ieri... proprio ora...
e soutchèsso inn albèrgo... inn caméra mia... inn strada... nèlla mia aouto... stamattina... stanottè... ièri... proprio ora...

Je voudrais faire une déclaration de perte... de vol...

Vorrei denunciare una perdita... un furto...
vorrèï dènountcharè ouna pèrdita... oun fourto...

On m'a volé... j'ai perdu... mon sac... mes papiers... mon passeport... ma valise... ma voiture... mon appareil photo...

Mi hanno rubato... ho perso... la mia borsa... i documenti... il mio passaporto... la mia valigia... l'auto... la macchina fotografica...

mi anno roubato... o pèrso... la mia
borsa...
i docoumènnti... il mio passaporto...
la mia validja... l'aouto... la makkina
fotografica...

Je veux **porter plainte**.

Vorrei sporgere denuncia.
vorrèï spordjèrè dénountcha.

On a **volé** dans ma voiture.

Hanno rubato nella mia auto.
anno roubato nèlla mia aouto.

Vocabulaire		
Abîmer	*danneggiare*	dannèdjarè
Accident	*l'incidente*	inntchidènntè
Accuser	*accusare*	accousarè
Agent de police	*l'agente di polizia*	adjènntè di politsia
Agression	*l'aggressione*	aggrèssionè
Ambassade	*l'ambasciata*	ammbachata
Amende	*la multa*	moulta
Appareil photo	*la macchina fotografica*	makkina fotografica
Argent	*i soldi*	soldi
Assurance	*l'assicurazione*	assicouratsionè
Avocat	*l'avvocato*	avvocato
Bijoux	*i gioielli*	djoïèlli
Certifier	*certificare*	tchèrtificarè
Collier	*la collana*	collana
Commissaire de police	*commissario di polizia*	commissario di politsia
Condamner	*condannare*	conndannarè
Consulat	*il consolato*	connsolato
Contravention	*la multa*	moulta
Déclaration	*la dichiarazione*	dikiaratsionè
Défendre	*difendere*	difènndèrè
Drogue	*la droga*	droga
Enquête	*l'inchiesta*	innkièsta
Erreur	*l'errore*	èrrorè

Examiner	*esaminare*	èsaminarè
Expertise	*la perizia*	pèritsia
Fracturer	*scassinare*	scassinarè
Innocent	*l'innocente*	innotchènntè
Menacer	*minacciare*	minatcharè
Nier	*negare*	nègarè
Passeport	*il passaporto*	passaporto
Perte	*la perdita*	pèrdita
Poche	*la tasca*	tasca
Portefeuille	*il portafoglio*	portafolio
Procès	*il processo*	protchèsso
Procès-verbal	*il verbale*	vèrbalè
Responsable	*il responsabile*	rèsponnsabilè
Sac	*la borsa*	borsa
Saisir	*afferrare*	affèrrarè
Secours	*il soccorso*	soccorso
Témoin	*il testimone*	tèstimonè
Valise	*la valigia*	validja
Voiture	*l'auto*	aouto
Vol	*il furto*	fourto
Voleur	*il ladro*	ladro

Santé

salute
saloutè

J'ai une **allergie** à...

Ho un'allergia a...
o oun'allèrdjia a...

Faites venir une **ambulance** !

Fate venire un'ambulanza !
fatè vènirè oun'ammboulanndza.

Voulez-vous **appeler** un médecin ?

Vuol chiamare un medico ?
vouol kiamarè oun mèdico ?

Je ne connais pas mon **groupe sanguin**.

> **Non conosco il mio gruppo sanguigno.**
> nonn conosco il mio grouppo sanngouinyo.

Mon **groupe sanguin** est...

> **Il mio gruppo sanguigno è...**
> il mio grouppo sanngouinyo è...

Je suis (il, elle) **hémophile**.

> **Sono (è) emofiliaco.**
> sono (è) émofiliaco.

Où se trouve l'**hôpital** ?

> **Dove si trova l'ospedale ?**
> dové si trova l'ospédalé ?

Où est la **pharmacie la plus proche** ?

> **Dov'è la farmacia più vicina ?**
> dov'è la farmatchia piou vitchina ?

Je voudrais un **rendez-vous** le plus tôt possible.

> **Vorrei un appuntamento il più presto possibile.**
> vorréï oun appounntaménnto il piou prèsto possibilé.

Envoyez-moi du **secours** !

> **Mi mandi del soccorso !**
> mi manndi dèl soccorso !

C'est **urgent** !

> **È urgente !**
> è ourdjénnté !

Unités de soins		
Cardiologie	*cardiologia*	cardiolodjia
Chirurgie	*chirurgia*	kirourdjia
Consultation	*consultazione*	connsoultatsionė
Dermatologie	*dermatologia*	dėrmatolodjia
Gastro-entérologie	*gastro-enterologia*	gastroènntèrolodjia
Gynécologie	*ginecologia*	djinėcolodjia
Infirmerie	*infermeria*	innfèrmèria
Maternité	*maternità*	matèrnita
Médecine générale	*medicina generale*	mėditchina djènèralė
Neurologie	*neurologia*	nèourolodjia
Obstétrique	*ostetricia*	ostėtritcha
Ophtalmologie	*oftalmologia*	oftalmolodjia
Oto-rhino-laryngologie	*otorinolaringoiatria*	otorinolarinngoiatria
Pédiatrie	*pediatria*	pèdiatria
Pneumologie	*pneumologia*	pnèoumolodjia
Radiographie	*radiografia*	radiografia
Soins	*cure*	courė
Urgences	*urgenze*	ourdjènntsė
Urologie	*urologia*	ourolodjia

Dentiste

| *dentista*
| dènntista

Je voudrais une **anesthésie**.

| **Vorrei l'anestesia.**
| vorrèï l'anèstèsia.

Il faut l'**arracher**.

| **Bisogna levarlo.**
| bisonya lėvarlo.

Je ne veux pas que vous l'**arrachiez**.

| **Non voglio che lo leviate.**
| nonn volyo kė lo lèviatė.

Ouvrez la bouche.

> **Apra la bocca.**
> apra la bocca.

Crachez !

> **Sputi !**
> spouti !

Cette **dent** bouge.

> **Questo dente si muove.**
> couèsto dènnté si mouové.

J'ai cassé mon **dentier**.

> **Ho rotto la mia dentiera.**
> o rotto la mia dènntièra.

Il faut **extraire** la dent.

> **Bisogna estrarre il dente.**
> bisonya estrarrè il dènnté.

Ma **gencive** est douloureuse !

> **La gengiva mi fa male.**
> la djènndjiva mi fa malé.

J'ai très **mal** en bas... devant... au fond... en haut.

> **Ho molto male in basso... davanti... in fondo... in alto.**
> o molto malé inn basso... davannti... inn fonndo... inn alto.

J'ai **perdu** mon **plombage**... ma couronne.

> **Ho perso l'otturazione** *(ou la ceramica)***... la corona.**
> o pèrso l'ottouratsioné *(ou la tchèramica)...*
> la corona.

Rincez-vous !

> **Si risciacqui la bocca !**
> si richacoui la bocca !

Je préférerais des **soins provisoires**.

> **Preferirei delle cure provvsorie.**
> prèfèrirèï dèllè courè provvisoriè.

Vocabulaire		
Abcès	*l'ascesso*	achèsso
Anesthésie	*l'anestesia*	anèstèsia
Appareil	*l'apparecchio*	apparèkkio
Bouche	*la bocca*	la bocca
Bridge	*il ponte*	ponntè
CABINET DE CONSULTATION	*lo studio medico*	stoudio mèdico
Carie	*la carie*	cariè
Couronne	*la corona*	corona
Dent	*il dente*	dènntè
– de sagesse	*– del giudizio*	– dèl djouditsio
Dentier	*la dentiera*	dènntièra
Gencive	*la gengiva*	djènndjiva
Gingivite	*la gengivite*	djènndjivitè
Incisive	*l'incisivo*	inntchisivo
Inflammation	*l'infiammazione*	innfiammatsionè
Mâchoire	*la mascella*	machèlla
Molaire	*il molare*	molarè
Obturer	*otturare*	ottourarè
Pansement	*la medicazione*	mèdicatsionè
Piqûre	*la puntura*	pounntoura
Plombage	*l'otturazione*	ottouratsionè
Saignement	*la perdita di sangue*	pèrdita di sanngouè

Hôpital • médecin

ospedale • medico
ospèdalè • mèdico

J'**ai** des coliques... des coups de soleil...
des courbatures... de la fièvre... des frissons...
des insomnies... la nausée... des vertiges.

Ho delle coliche... delle scottature dovute al troppo sole... i muscoli indolenziti... la febbre... dei brividi... l'insonnia... la nausea... una sensazione di vertigine, mi gira la testa.
o dèllè colikè... dèllè scottourè dovoutè al troppo solè... i mouscoli inndolènntsiti... la fèbbrè... dèi brividi... l'innsonnia... la naousèa... ouna sènnsatsionè di vèrtidjinè...

Des **analyses** sont nécessaires.

Sono necessarie delle analisi.
sono nètchèssariè dèllè analisi.

Combien vous **dois-je** ?

Quanto le devo ?
couannto lè dèvo ?

À quelle **heure** est la consultation ?

A che ora iniziano le visite ?
a kè ora initsiano lè visitè ?

Il faut aller à l'**hôpital**.

Bisogna andare all'ospedale.
bisonya anndarè all'ospèdalè.

Vous avez une **infection**.

Lei ha un'infezione.
lèi a oun'innfètsionè.

J'ai **mal** ici... dans le dos... à la gorge... à la tête...
au ventre.

> **Ho male qui... alla schiena...**
> **alla gola... alla testa...**
> **al ventre.**
> o malè coui... alla skièna... alla gola...
> alla tèsta...
> al vènntrè.

Je suis **malade**.

> **Sono ammalato.**
> sono ammalato.

Nous devons **opérer**.

> **Dobbiamo operare.**
> dobbiamo opèrarè.

Ouvrez la bouche.

> **Apra la bocca.**
> apra la bocca.

Je viens de la **part du docteur**.

> **È il dottor... che mi invia.**
> è il dottor... kè mi innvia.

Je vais vous faire une **piqûre**.

> **Le faccio una puntura.**
> lè fatcho ouna pountoura.

Respirez à fond.

> **Respiri a fondo.**
> rèspiri a fonndo.

Je ne me **sens** pas bien.

> **Non mi sento bene.**
> nonn mi sènnto bènè.

Je **suis cardiaque**.

> **Ho dei problemi cardiaci.**
> o dèi problèmi cardiatchi.

Je **suis enceinte**.

> **Sono incinta.**
> sono inntchinnta.

Depuis combien de **temps** ?

> **Da quanto tempo ?**
> da couannto tèmmpo ?

Êtes-vous vacciné contre le **tétanos** ?

> **É vaccinato contro il tetano ?**
> è vatchinato conntro il tètano ?

Tirez la langue.

> **Mi mostri la lingua.**
> mi mostri la linngoua.

Toussez.

> **Tossisca.**
> tossisca.

Vocabulaire		
Abcès	*l'ascesso*	achèsso
Allergique	*allergico*	allèrdjico
Ambulance	*l'ambulanza*	ammboulanndza
Ampoule	*la vescica*	vèchica
Anesthésie	*l'anestesia*	anèstèsia
Angine	*il mal di gola*	mal di gola
Appendicite	*l'appendicite*	appènnditchitè
Artère	*l'arteria*	artèria
Articulation	*l'articolazione*	articolatsionè
Asthme	*l'asma*	asma
Avaler	*inghiottire*	innguiottirè
Blessure	*la ferita*	fèrita
Bouche	*la bocca*	bocca
Bras	*il braccio*	bratcho
Brûlure	*la bruciatura*	broutchatoura
Cabinet de consultation	*lo studio medico*	stoudio mèdico
Cardiaque	*cardiaco*	cardiaco
Cheville	*la caviglia*	cavilya

Chirurgie	*la chirurgia*	kirourdjia
Choc	*lo choc*	choc
Clinique	*la clinica*	clinica
Cœur	*il cuore*	couorè
Colique hépatique	*la colica epatica*	colica èpatica
– néphrétique	*– nefritica*	– nèfritica
Colonne vertébrale	*la colonna vertebrale*	colonna vèrtèbralè
Constipation	*la stitichezza*	stitikètsa
Convulsion	*la convulsione*	connvoulsionè
Coqueluche	*la pertosse*	pèrtossè
Côte	*la costola*	costola
Cou	*il collo*	collo
Coude	*il gomito*	gomito
Coup de soleil	*l'insolazione*	innsolatsionè
Coupure	*il taglio*	talyo
Crampe	*il crampo*	crammpo
Cuisse	*la coscia*	cocha
Délire	*il delirio*	dèlirio
Dépression	*l'esaurimento*	èsaourimènnto
Dermatologie	*la dermatologia*	dèrmatolodjia
Diabétique	*diabetico*	diabètico
Diarrhée	*la diarrea*	diarrèa
Digérer	*digerire*	didjèrirè
Doigt	*il dito*	dito
Douleur	*il dolore*	dolorè
Droite (à)	*a destra*	dèstra
Enceinte	*incinta*	inntchinnta
Entorse	*la storta*	storta
Épaule	*la spalla*	spalla
Estomac	*lo stomaco*	stomaco
Fièvre	*la febbre*	fèbbrè
Foie	*il fegato*	fègato
Foulure	*la slogatura*	slogatoura
Fracture	*la frattura*	frattoura
Furoncle	*il foruncolo*	forounncolo
Gauche (à)	*a sinistra*	sinistra
Gorge	*la gola*	gola
Grippe	*l'influenza*	innflouènntsa
Hanche	*l'anca*	annca
Hématome	*l'ematoma*	èmatoma
Hémophile	*l'emofilaico*	èmofilaïco

Hémorroïdes	le emorroidi	èmorroïdi
Indigestion	l'indigestione	inndidjèstionè
Infarctus	l'infarto	innfarto
Infection	l'infezione	innfètsionè
Inflammation	l'infiammazione	innfiammatsionè
Insolation	l'insolazione	innsolatsionè
Intestins	l'intestino	inntèstino
Jambe	la gamba	gammba
Laboratoire	il laboratorio	laboratorio
Langue	la lingua	linngoua
Lèvres	le labbra	labbra
Mâchoire	la mascella	machèlla
Main	la mano	mano
Médecin	il medico	mèdico
Médicament	la medicina	mèditchina
Morsure de chien	il morso di un cane	morso di oun canè
– de serpent	– di un serpente	– di oun sèrpènntè
Muscle	il muscolo	mouscolo
Nausée	la nausea	naousèa
Nerf	il nervo	nèrvo
Nez	il naso	naso
Œil	l'occhio	okio
Ordonnance	la ricetta	ritchètta
Oreilles	gli orecchi	orèki
Oreillons	gli orecchioni	orèkioni
Orgelet	l'orzaiolo	ordzaïolo
Os	l'osso	osso
Otite	l'otite	otitè
Peau	la pelle	pèllè
Pied	il piede	pièdè
Piqûre	la puntura	pountoura
– d'abeille	– d'ape	– d'apè
– de méduse	la bruciatura di medusa	broutchatoura di mèdousa
Pleurésie	la pleurite	plèouritè
Poitrine	il petto	pètto
Poumon	il polmone	polmonè
Prostate	la prostata	prostata
Refroidissement	il raffreddamento	raffrèddamènnto
Rein	il rene	rènè
Respirer	respirare	rèspirarè

Rhumatisme	*il reumatismo*	rèoumatismo
Rhume	*il raffreddore*	raffrèddorè
Rotule	*la rotula*	rotoula
Rougeole	*il morbillo*	morbillo
Sang	*il sangue*	sanngouè
Sciatique	*sciatica*	chatica
Sein	*il seno*	sèno
Selles	*le feci*	fètchi
Sida	*aids*	aids
Sinusite	*la sinusite*	sinousitè
Somnifère	*il sonnifero*	sonnifèro
Stérilet	*la spirale*	spiralè
Système nerveux	*il sistema nervoso*	sistèma nèrvoso
Talon	*il calcagno*	calcanyo
Tendon	*il tendine*	tènndinè
Tension	*la tensione*	tènnsionè
Tête	*la testa*	tèsta
Toux	*la tosse*	tossè
Tranquillisant	*il tranquillante*	trancouillanntè
Ulcère	*l'ulcera*	oulchèra
Urine	*l'orina*	orina
Varicelle	*la varicella*	varitchèlla
Veine	*la vena*	vèna
Vésicule biliaire	*la cistifellea*	tchistifèllèa
Vessie	*la vescica*	vèchica
Visage	*il viso*	viso

Pharmacie

farmacia
farmatchïa

Pouvez-vous m'indiquer une **pharmacie de garde** ?
Puo indicarmi una farmacia di turno ?
pouo inndicarmi ouna farmatchia di tourno ?

Avez-vous ce médicament sous une autre **forme** ?

Ha questa medicina sotto un'altra forma ?

a couèsta mèditchina sotto oun'altra forma ?

Avez-vous un médicament de même **formule** ?

Ha una medicina che abbia la stessa formula chimica ?

a ouna mèditchina kè abbia la stèssa formoula kimica ?

J'ai besoin d'un remède contre le **mal** de tête.

Ho bisogno di qualcosa contro il mal di testa.

o bisonyo di coualcosa conntro il mal di tèsta.

Ce **médicament** se délivre seulement sur **ordonnance**.

Posso venderle questa medicina solo se ha una ricetta.

posso vènndèrlè couèsta mèditchina solo sè a ouna ritchètta.

Pouvez-vous me **préparer** cette ordonnance ?

Può prepararmi questa ricetta ?

pouo prépararmi couèsta ritchètta ?

Avez-vous **quelque chose** pour arrêter la diarrhée ?

Ha qualcosa per far smettere la diarrea ?

a coualcosa pèr far smèttèrè la diarrèa ?

Avez-vous quelque chose pour **soigner** la toux ?

	Ha qualcosa contro la tosse ?	
	a coualcosa conntro la tossé ?	

Vocabulaire		
A jeun	*digiuno*	didjouno
Alcool	*alcole*	alcolè
Analyse	*l'analisi*	analisi
Antidote	*l'antidoto*	anntidoto
Antiseptique	*antisettico*	anntisèttico
Aspirine	*l'aspirina*	aspirina
Bactéricide	*il batericida*	battèritchida
Bandage	*la fasciatura*	fachatoura
Bouillotte	*la bottiglia dell'acqua calda*	bottilya dèll'acoua calda
Calmant	*il calmante*	calmanntè
Collyre	*il collirio*	collirio
Compresse	*la pezzetta*	pèdzètta
Comprimé	*la compressa*	comprèssa
Contraceptif	*il contraccettivo*	conntratchèttivo
Coton	*il cotone*	cotonè
Désinfectant	*il disinfettante*	disinnfèttanntè
Gouttes pour le nez	*le gocce per il naso*	gotchè pèr il naso
– pour les oreilles	*– per gli orecchi*	– pèr ly orèki
– pour les yeux	*– per gli occhi*	– pèr ly oki
Laxatif	*il lassativo*	lassativo
Mouchoirs en papier	*i fazzoletti di carta*	fadzolètti di carta
Ordonnance	*la ricetta*	ritchètta
Pansement	*la fasciatura*	fachatoura
PHARMACIE DE GARDE	*FARMACIA DI TURNO*	farmatchia di tourno
Pilule contraceptive	*la pillola*	pillola
Pommade	*la pomata*	pomata
– anti-brûlure	*– per le bruciature*	– pèr lè broutchatourè
– anti-infections	*– anti-infezioni*	– annti-innfètsioni
Préservatif	*il preservativo*	prèsèrvativo
Produit anti-moustiques	*il prodotto contro le zanzare*	prodotto conntro lè dzannzarè

Serviettes hygiéniques	*gli assorbenti*	assorbénnti
Sirop	*lo sciroppo*	chiroppo
Somnifère	*il sonnifero*	sonnifèro
Sparadrap	*il cerotto*	tchèrotto
Suppositoires	*le supposte*	souppostè
Thermomètre	*il termometro*	tèrmomètro
Tranquillisant	*il tranquillante*	tranncouillanntè
Trousse d'urgence —	*la borsa di pronto soccorso*	borsa di pronnto soccorso
Vitamine (C)	*la vitamina (C)*	vitamina (tchi)

Voiture

vettura
vèttoura

Accident

incidente
inntchidénntè

Il m'est arrivé un **accident**.

Ho avuto un incidente.
o avouto oun inntchidénntè.

Il y a eu un **accident sur la route** de…
au croisement de… entre… à environ X km de…

È successo un incidente sulla strada di…
all'incrocio… tra… a circa X chilometri da…
è soutchèsso oun intchidénntè soulla strada di… all'inncrotcho… tra… a tchirca X kilomètri da…

Pouvez-vous m'**aider** ?

> **Può aiutarmi ?**
> pouò aioutarmi ?

Appelez vite une **ambulance**... un **médecin**... la **police**.

> **Chiami subito un'ambulanza...**
> **un medico... la polizia.**
> kiami soubito oun'ammboulanndza...
> oun mèdico... la politsia.

Il y a des **blessés**.

> **Ci sono dei feriti.**
> tchi sono dèï fèriti.

Je suis **blessé**.

> **Sono ferito.**
> sono fèrito.

Ne **bougez** pas.

> **Non si muova.**
> nonn si mouova.

Coupez le contact.

> **Spenga il motore.**
> spènnga il motorè.

Il faut **dégager** la voiture.

> **Bisogna spostare la macchina.**
> bisonya spostarè la makkina.

Donnez-moi les **papiers de la voiture**... attestation d'assurance... carte grise.

> **Mi dia i documenti dell'auto...**
> **l'assicurazione... la carta grigia.**
> mi dia i docoumènnti dèll'aouto...
> l'assicouratsione... la carta gridja.

Voici mon **nom et mon adresse**.

> **Ecco il mio nome e il mio indirizzo.**
> ècco il mio nomè è il mio inndiritso.

Donnez-moi vos **papiers**… votre **permis de conduire**.

> **Mi dia i suoi documenti…**
> **la patente.**
> mi dia i souoï docouménnti…
> la paténnté.

Puis-je **téléphoner** ?

> **Posso telefonare ?**
> posso téléfonaré ?

Acceptez-vous de **témoigner** ?

> **Accetta di testimoniare ?**
> atchétta di téstimoniaré ?

Avez-vous une **trousse de secours** ?

> **Ha una borsa di pronto soccorso ?**
> a ouna borsa di pronnto soccorso ?

Vocabulaire		
Artère	*l'arteria*	artèria
Articulation	*l'articolazione*	articolatsionè
Blessure	*la ferita*	férita
Bras	*il braccio*	bratcho
Brûlure, brûlé	*la bruciatura, bruciato*	broutchatoura, broutchato
Choc	*lo choc, il trauma*	choc, traouma
Colonne vertébrale	*la colonna vertebrale*	colonna vértébralè
Côte	*la costola*	costola
Épaule	*la spalla*	spalla
Garrot	*il laccio emostatico*	latcho émostatico
Genou	*il ginocchio*	djinokio
Hémorragie	*l'emorragia*	émorradjia
Jambe	*la gamba*	gammba
Ligaturer	*fasciare, allacciare*	facharè, allatcharé
Main	*la mano*	mano
Nuque	*la nuca*	nouca
Œil	*l'occhio*	okio
Pied	*il piede*	piédè

En cas de problème

Poitrine	*il petto*	pètto
Tête	*la testa*	tèsta
Veine	*la vena*	vèna
Visage	*il viso*	viso

Garage

garage
garagè

Pouvez-vous recharger la **batterie** ?

Può ricaricare la batteria ?
pouo ricaricarè la battèria ?

Le moteur **cale**.

Il motore si spegne.
il motorè si spègnè.

Il est nécessaire de **changer**...

Bisogna cambiare...
bisonya cammbiarè...

Combien **coûte** la réparation ?

Quanto costa la riparazione ?
couannto costa la riparatsionè ?

La voiture ne **démarre** pas.

La macchina non si mette in moto.
la makkina nonn si mèttè inn moto.

L'**embrayage** patine.

La frizione slitta.
la fritsionè slitta.

Le radiateur **fuit**.

Il radiatore ha una perdita.
il radiatorè a ouna pèrdita.

Il y a une **fuite d'huile**.

C'è una perdita d'olio.
tchè ouna pèrdita d'olio.

Puis-je **laisser** la voiture ?

Posso lasciare la macchina ?
posso lacharé la makkina ?

Le **moteur** chauffe trop.

Il motore scalda troppo.
il motoré scalda troppo.

Avez-vous la **pièce de rechange** ?

Ha il pezzo di ricambio ?
a il pétso di ricammbio ?

Quand sera-t-elle **prête** ?

Quando sarà pronta ?
couanndo sara pronnta ?

Pouvez-vous **vérifier** l'allumage... la direction...
les freins... l'huile... le circuit électrique ?

Può verificare l'accensione...
lo sterzo... i freni...
l'olio... il circuito elettrico ?
pouo vérificaré l'atchènnsioné...
lo stérdzo... i fréni... l'olio... il
tchircouito élèttrico ?

Les **vitesses** passent mal.

Le marcie non ingranano bene.
lé martché non ingranano béné.

En cas de problème

Panne

guasto
gouasto

Ma voiture est en panne.

La mia macchina ha un guasto.
la mia makkina a oun gouasto.

Pouvez-vous m'**aider** à pousser... à changer la roue ?

**Può aiutarmi a spingere...
a cambiare la ruota ?**
pouo aioutarmi a spinndjèrè...
a cammbiarè
la rouota ?

Combien de temps faut-il **attendre** ?

Quanto tempo bisogna aspettare ?
couannto tèmmpo bisonya aspèttarè ?

Pouvez-vous me **conduire** à... ?

Può portarmi a... ?
pouo portarmi a... ?

Peut-on faire venir une **dépanneuse** ?

Si può far venire un carro attrezzi ?
si pouo far vènirè oun carro attrètsi ?

Où est le **garage** le plus proche ?

Dov'è il garage più vicino ?
dov'è il garage piou vitchino ?

Pouvez-vous me **remorquer** ?

Può rimorchiarmi ?
pouo rimorkiarmi ?

Y a-t-il un **service de dépannage** ?

C'è un'officina ?
tchè oun'offitchina ?

La **station-service** est-elle loin ?

> **La stazione di servizio è lontana ?**
> la statsionè di sèrvitsio è lonntana ?

D'où peut-on **téléphoner** ?

> **Da dove si può telefonare ?**
> da dovè si pouo tèlèfonarè ?

Me permettez-vous d'**utiliser votre téléphone** ?

> **Mi permette di utilizzare il suo telefono ?**
> mi pèrmèttè di outilidzarè il souo tèlèfono ?

Transports • déplacements

Agence de voyages

agenzia di viaggi
adjenntsia di viadji

Bonjour !

Buongiorno !
bouonndjorno !

Pouvez-vous m'indiquer une agence de voyages ?

**Può indicarmi un'agenzia
di viaggi ?**
pouo indicarmi oun'adjènntsia
di viadji ?

J'aimerais...

Mi piacerebbe...
mi piatchérèbbé...

Auriez-vous... ?

Avrebbe... ?
avrèbbé... ?

Acceptez-vous les cartes de crédit... les Traveller chèques ?

**Accetta le carte di credito...
i Traveller chèques ?**
atchètta lé carté di crédito... i traveller
chèque ?

Pourriez-vous m'organiser un circuit partant de... passant par... pour aller à...

**Può organizzarmi un circuito che
parta da... che passi per... per
andare a...**
pouo organidzarmi oun tchircouito
ké parta da...
ké passi pèr... pèr anndaré a...

Cela me **convient**.
> **Mi va bene.**
> mi va bénè.

Combien cela **coûte**-t-il ?
> **Quanto costa ?**
> couannto costa ?

Pour la visite, avez-vous un **guide** parlant français ?
> **Per la visita, ha una guida che parli francese ?**
> per la visita, a ouna gouida kè parli franntchèse ?

J'aimerais **modifier** le parcours.
> **Vorrei modificare il percorso.**
> vorrèï modificarè il pèrcorso.

Pouvez-vous me **proposer** autre chose ?
> **Ha qualcos'altro da propormi ?**
> a coualcosaltro da propormi ?

Le **transfert** à la gare... à l'aéroport... de l'hôtel à la gare... est-il inclus ?
> **Il trasporto alla stazione... all'aeroporto... dall'albergo alla stazione... è incluso nel prezzo ?**
> il trasporto alla statsionè... all'aèroporto... dall'albèrgo alla statsione... è innclouso nèl prètso ?

Merci, au revoir !
> **Grazie, arrivederci !**
> gratsiè, arrivèdèrtchi !

Vocabulaire		
Annuler	*annullare*	annoullarè
Arriver	*arrivare*	arrivarè
Assurances	*le assicurazioni*	assicouratsioni
Avion	*l'aereo*	aèrèo
Bagage	*il bagaglio*	bagalyo
– (excédent de)	*eccedente di bagaglio*	etchédènnte di bagalyo
Billet	*il biglietto*	bilyètto
– aller et retour	*l'andata e ritorno*	anndata è ritorno
– demi-tarif	*la mezza tariffa*	mèdza tariffa
– de groupe	*il biglietto di gruppo*	bilyètto di grouppo
– plein tarif	*la tariffa completa*	tariffa complèta
Boisson	*la bibita*	bibita
Cabine	*la cabina*	cabina
Chambre	*la camera*	caméra
Changer	*cambiare*	cammbiarè
Circuit	*il circuito*	tchircouito
Classe affaires	*la classe affari*	classè affari
– (première)	*la prima classe*	prima classè
– (seconde)	*la seconda classe*	sèconnda classè
– touriste	*la classe turistica*	classè touristica
Compartiment	*lo scompartimento*	scommpartimènnto
Confirmer	*confermare*	connfèrmarè
Correspondance	*la coincidenza*	coïnntchidènndza
Couchette	*la cuccetta*	coutchètta
Couloir	*il corridoio*	corridoïo
Croisière	*la crociera*	crotchèra
Escale	*lo scalo*	skalo
Excursion	*l'escursione*	èscoursionè
Fenêtre	*la finestra*	finèstra
Fumeurs	*fumatori*	foumatori
Guide	*la guida*	gouïda
Inclus	*incluso*	innclouso
Indicateur des chemins de fer	*l'orario dei treni*	orario dèi trèni
Non fumeurs	*non fumatori*	non foumatori
Randonnée	*la passeggiata*	passèdjata
Repas	*il pasto*	pasto
Réservation	*la prenotazione*	prènotatsionè
Retard	*il ritardo*	ritardo

Route	*la strada*	strada
Saison basse	*la bassa stagione*	bassa stadjoné
– haute	*l'alta stagione*	alta stadjoné
Supplément	*il supplemento*	soupplémènnto
Train	*il treno*	tréno
Trajet	*il tragitto*	tradjitto
Transfert	*il trasporto*	trasporto
Valise	*la valigia*	validja
Voiture	*l'automobile*	aoutomobilé
Vol	*il volo*	volo
Wagon-lit	*il vagone letto*	vagoné lètto
– restaurant	*– ristorante*	ristorannté

Autobus • autocar

autobus • corriera
aoutobous • corrièra

Où est la station du bus qui va à… ?

Dov'è la stazione dell'autobus che va a… ?
dov'è la statsioné dèll'aoutobouss ké va a… ?

Pouvez-vous m'**arrêter** à…

Mi può lasciare a…
mi pouo lachiaré a…

Je voudrais un **billet** pour aller à…

Vorrei un biglietto per andare a…
vorrèï oun bilyétto pér anndaré a…

Faut-il **changer** de bus ?

Bisogna cambiare autobus ?
bisonya cammbiaré aoutobous ?

Combien coûte le trajet jusqu'à… ?

Quanto costa il tragitto fino a… ?
couannto costa il tradjitto fino a… ?

Pouvez-vous me prévenir, quand je devrai **descendre** ?

Può dirmi quando devo scendere ?
pouo dirmi couanndo dèvo chènndéré ?

À quelle **heure** passe le dernier bus ?

A che ora passa l'ultimo autobus ?
a kè ora passa l'oultimo aoutobous ?

Avez-vous un **plan** du réseau... un horaire ?

**Ha una carta degli itinerari degli autobus...
un orario ?**
a ouna carta dèly itinèrari dèly aoutobous... oun orario ?

Vocabulaire		
Aller simple	*l'andata*	anndata
Aller et retour	*l'andata e ritorno*	anndata è ritorno
ARRÊT	*LA FERMATA*	fèrmata
ARRÊT FACULTATIF	*FERMATA A RICHIESTA*	fèrmata a rikièsta
BAGAGES	*I BAGAGLI*	bagaly
Banlieue	*la periferia*	pèrifèria
BILLET	*IL BIGLIETTO*	bilyètto
Chauffeur	*l'autista*	aoutista
Complet	*completo*	commplèto
Correspondance	*la coincidenza*	coïnntchidènntsa
Demi-tarif	*la mezza tariffa*	mèdza tariffa
Destination	*la destinazione*	dèstinatsionè
Guichet	*lo sportello*	sportèllo
Horaire	*l'orario*	orario
MONTÉE	*LA SALITA*	salita
Prix (du billet)	*il prezzo*	prètso
Receveur	*il bigliettaio*	bilyèttaïo
RENSEIGNEMENTS	*LE INFORMAZIONI*	innformatsioni
SORTIE	*L'USCITA*	ouchita
STATION	*LA STAZIONE* ou *FERMATA*	statsionè fèrmata

Supplément	*il supplemento*	soupplèmènnto
Tarif	*la tariffa*	tariffa
Terminus	*il capolinea*	capolinèa

Avion

aereo
aérèo

Acceptez-vous les **animaux** en cabine ?
Accettate gli animali all'interno ?
atchèttatè ly animali all'inntèrno ?

Faut-il enregistrer ce **bagage** ?
Devo registrare questa valigia ?
dèvo rèdjistrarè couèsta validja ?

Puis-je garder cette valise comme **bagage à main** ?
Posso tenere questa valigia come bagaglio a mano ?
posso tènèrè couèsta validja comè bagalyo a mano ?

Mon **bagage est endommagé**.
Il mio bagaglio è danneggiato.
il mio bagalyo è dannèdjato.

Je voudrais un **billet** simple... un aller retour... en première classe... en classe affaires... en classe touristes.
Vorrei un biglietto... un'andata e ritorno... in prima classe... in classe affari... in classe turistica.
vorrèï oun bilyetto... oun'anndata è ritorno... inn prima classè... inn classè affari... inn classè touristica.

Où se trouve la **boutique** « **hors taxes** » ?
Dov'è la boutique free taxe ?
dov'è la boutiquè free taxe ?

J'ai perdu ma **carte d'embarquement**.

Ho perso la mia carta d'imbarco.
o pèrso la mia carta d'immbarco.

Où est le **comptoir d'enregistrement** ?

Dov'è l'ufficio di registrazione ?
dov'è l'ouffitcho di rèdjistratsionè ?

Pouvez-vous me **conduire** à l'aéroport ?

Può condurmi all'aeroporto ?
pouo conndourmi all'aèroporto ?

À quelle heure a lieu l'**embarquement** ?... à quelle porte ?

A che ora è l'imbarco... a che porta ?
a kè ora è l'immbarco... a kè porta ?

DERNIER APPEL... **EMBARQUEMENT IMMÉDIAT**.

ULTIMA CHIAMATA... IMBARCO IMMEDIATO.
oultima kiamata... immbarco immèdiato.

Dois-je payer un **excédent de bagages** ?

Devo pagare un eccedente di bagaglio ?
dèvo pagarè oun ètchèdènntè di bagalyo ?

Y a-t-il encore de la **place** sur le vol... ?

C'è ancora posto sul volo... ?
tchè anncora posto soul volo... ?

Pouvez-vous changer ma **réservation** ?

Può cambiare la mia prenotazione ?
pouo cammbiarè la mia prènotatsionè ?

J'ai confirmé ma **réservation** il y a trois jours.

> **Ho confermato la mia prenotazione tre giorni fa.**
> o connfèrmato la mia prènotatsione trè djorni fa.

Le vol est-il **retardé**... annulé ?

> **Il volo è ritardato... annullato ?**
> il volo è ritardato... annoullato ?

Je voudrais un **siège** à l'avant... à l'arrière... près d'un hublot... sur l'allée dans la zone « fumeurs »... « non fumeurs ».

> **Vorrei una poltroncina all'avanti... in fondo... vicino a un oblò... sulle poltrone centrali... nel settore fumatori... non fumatori.**
> vorrèï ouna poltronntchina all'avannti... in fonndo... vitchino a oun oblo... soullè poltronè tchènntrali... nèl sèttorè foumatori... nonn foumatori.

Ai-je le **temps** d'aller changer de l'argent ?

> **Ho il tempo di cambiare del denaro ?**
> o il tèmmpo di cammbiarè dèl dènaro ?

À quelle heure décolle le prochain **vol** pour... ?

> **A che ora decolla il prossimo volo per... ?**
> a kè ora dècolla il prossimo volo pèr... ?

En vol

in volo
inn volo

Restez **assis** jusqu'à l'arrêt complet de l'appareil.

Restate seduti fino a che l'aereo sia completamente fermo.
réstaté sédouti fino a ké l'aéréo sia commplétaménnté férmo.

ATTACHEZ VOS CEINTURES.

ALLACCIATE LE CINTURE.
allatchaté lé tchinntouré.

Je voudrais **boire** quelque chose... je voudrais une couverture.

Vorrei bere qualcosa... Vorrei una coperta.
vorréï béré coualcosa... vorréï ouna copérta.

Mes **écouteurs** ne fonctionnent pas.

La mia cuffia non funziona.
la mia couffia non founntsiona.

NE FUMEZ PAS PENDANT LE DÉCOLLAGE.

NON FUMATE DURANTE IL DECOLLO.
non foumaté douranntè il décollo.

NE FUMEZ PAS PENDANT L'ATTERRISSAGE.

NON FUMATE DURANTE L'ATTERRAGGIO.
nonn foumaté douranntè l'attérradjo.

NE FUMEZ PAS DANS LES TOILETTES.

NON FUMATE NELLE TOILETTE.
nonn foumaté nèllé toiléttè.

Votre **gilet de sauvetage** est sous votre siège.

> **Il vostro gilè di salvataggio è sotto la poltrona.**
> il vostro djilè di salvatadjo è sotto la poltrona.

Veuillez retourner à vos **places**.

> **Vogliate ritornare ai vostri posti.**
> volyatè ritornarè aï vostri posti.

Quelle est la **température** au sol ?

> **Qual'é la temperatura esteriore ?**
> coualè la tèmmpèratoura èstèriorè ?

Dans combien de **temps** servez-vous le petit déjeuner... le déjeuner... le dîner ?

> **Tra quanto tempo servirete la colazione ?...**
> **il pranzo... la cena ?**
> tra couannto tèmmpo sèrvirètè la colatsione...
> il pranndzo... la tchèna ?

Notre **temps de vol** jusqu'à... sera de...

> **Il nostro tempo di volo fino a... sarà di...**
> il nostro tèmmpo di volo fino a... sara di...

Nous entrons dans une zone de **turbulences**.

> **Entriamo in una zona di turbolenze.**
> ènntriamo inn ouna dzona di tourbolènntsè.

Nous **volons** à une altitude de...

> **Voliamo a una altitudine di...**
> voliamo a ouna altitoudinè di...

Vocabulaire		
ACCÈS AUX AVIONS	*ACCESSO AGLI AEREI*	atchèsso aly aèrëï
Aéroport	*l'aeroporto*	aèroporto
Allée	*l'andata*	anndata
Aller	*andare*	anndarè
ARRIVÉE	*ARRIVO*	arrivo
Assurances	*le assicurazioni*	assicouratsioni
Atterrissage	*l'atterraggio*	attèrradjo
Bagages	*i bagagli*	bagaly
– à main	*– a mano*	– a mano
Bar	*il bar*	bar
Billet	*il biglietto*	bilyètto
Boutique hors taxe	*la boutique free taxe*	boutiquè free taxe
Cabine	*la cabina*	cabina
Carte d'embarquement	*la carta d'imbarco*	carta d'immbarco
Classe affaires	*la classe affari*	classè affari
– (première)	*la prima classe*	prima classè
– touristes	*la classe turistica*	classè touristica
Commandant de bord	*comandante di bordo*	comanndantè di bordo
Confirmation	*la conferma*	connfèrma
CONTRÔLE DES PASSEPORTS	*CONTROLLO DEI PASSAPORTI*	controllo dèï passaporti
Couverture	*la coperta*	copèrta
DÉPART	*PARTENZA*	partènntsa
DOUANE	*DOGANA*	dogana
EMBARQUEMENT	*IMBARCO*	immbarco
Embarquement immédiat	*imbarco immediato*	immbarco immèdiato
Équipage	*l'equipaggio*	ècouipadjo
Fiche de police	*la scheda*	skèda
Fouille de sécurité	*la perquisizione di sicurezza*	percouisitsionè di sicourètsa
FUMEURS	*FUMATORI*	foumatori
Gilet de sauvetage	*il gilè di salvataggio*	djilè di salvatadjo
Horaire	*l'orario*	orario
Hôtesse de l'air	*l'hostess*	ostèss
Hublot	*l'oblò*	oblo
IMMIGRATION	*IMMIGRAZIONE*	immigratsionè
NON FUMEURS	*NON FUMATORI*	non foumatori

Passeport	*il passaporto*	passaporto
Porte	*la porta*	porta
Porteur	*il facchino*	fakkino
Réservation	*la prenotazione*	prènotatsionè
Retardé	*in ritardo*	ritardo
Sac	*la borsa*	borsa
SORTIE DE SECOURS	*USCITA DI SICUREZZA*	ouchita di sicourètsa
Soute	*il bagagliaio*	bagalyaïo
Supplément	*il supplemento*	soupplèmènnto
TRANSIT	*TRANSITO*	trannsito
Valise	*la valigia*	validja
Visa	*il visto*	visto
Vol	*il volo*	volo
– intérieur	*– interno*	– inntèrno
– international	*– internazionale*	– inntèrnationalè

Bateau

battello
battèllo

DERNIER APPEL, les passagers sont priés de monter à bord.

ULTIMA CHIAMATA, i passeggeri sono pregati di salire a bordo.
oultima kiamata, i passèdjèri sono prègati di salirè a bordo.

Pour quelle heure l'**arrivée** est-elle prévue ?

Per che ora è previsto l'arrivo ?
pèr kè ora è prèvisto l'arrivo ?

Voulez-vous faire porter mes **bagages** dans la cabine numéro...

Può farmi portare i bagagli nella cabina numero...

pouo farmi portarè i bagaly nèlla
cabina noumèro...

Mon **bagage** est **endommagé**.

Il mio bagaglio è danneggiato.
il mio bagalyo è dannèdjato.

Je voudrais un **billet** simple... aller et retour... première
classe... seconde classe.

Vorrei un biglietto... andata
e ritorno... prima
classe... seconda classe.
vorrèï oun bilyètto... anndata
è ritorno... prima
classè... sèconnda classè.

Où sont les **bureaux** de la compagnie maritime ?

Dove sono gli uffici della
compagnia marittima ?
dovè sono ly ouffitchi dèlla
commpanya marittima ?

Y a-t-il encore des **cabines** disponibles ?

Ci sono ancora cabine disponibili ?
tchi sono anncora cabinè disponibili ?

Je voudrais une **cabine sur le pont**.

Vorrei una cabina sul ponte.
vorrèï ouna cabina soul ponntè.

Pourrais-je disposer d'une **chaise longue** ?

Potrei avere una sedia a sdraio ?
potrèï avèrè ouna sèdia a sdraïo ?

Pouvez-vous me **conduire** au port ?

Può condurmi al porto ?
pouo conndourmi al porto ?

À quelle heure a lieu l'**embarquement**... le départ ?

A che ora è l'imbarco...
la partenza ?

a kè ora è l'immbarco... la parténntsa ?

Quelle est la durée de l'**escale** ?
Quanto dura lo scalo ?
couannto doura lo scalo ?

Pouvez-vous m'**indiquer** le bar ?
Può indicarmi il bar ?
pouo inndicarmi il bar ?

J'ai le **mal de mer**. Avez-vous un remède ?
Ho il mal di mare. Ha un rimedio ?
o il mal di maré. a oun rimédio ?

Pouvez-vous changer ma **réservation** ?
Può cambiare la mia prenotazione ?
pouo cammbiaré la mia prénotatsioné ?

À quelle heure **servez-vous** le petit déjeuner... le déjeuner... le dîner ?
A che ora servite la colazione... il pranzo... la cena ?
a kè ora sérvité la colatsioné... il pranntso... la tchéna ?

Combien de **temps** dure la traversée... la croisière ?
Quanto tempo dura la traversata... la crociera ?
couannto témmpo doura la travérsata ?... la crotchéra ?

Est-ce une **traversée** de jour ou de nuit ?
È una traversata di giorno o di notte ?
è ouna travérsata di djorno o di notté ?

Vocabulaire		
Aller	*andare*	anndarè
Annulé	*annullato*	annoullato
ARRIVÉE	*ARRIVO*	arrivo
Assurances	*l'assicurazione*	assicouratsionè
Bâbord	*il babordo*	babordo
Bagages	*i bagagli*	bagaly
Bar	*il bar*	bar
Billet	*il biglietto*	bilyètto
Bouée	*il salvagente*	salvadjènntè
Cabine	*la cabina*	cabina
Cale	*la cala*	cala
Canot de sauvetage	*il canotto di salvataggio*	canotto di salvatadjo
Chaise longue	*la sedia a sdraio*	sèdia a sdraïo
Commissaire de bord	*il commissario di bordo*	commissario di bordo
Confirmation	*la conferma*	connfèrma
Couchette	*la cuccetta*	coutchètta
Couverture	*la coperta*	copèrta
Classe première	*la prima classe*	prima classè
– seconde	*la seconda classe*	sèconnda classè
DÉPART	*PARTENZA*	partènntsa
DESCENDRE	*SCENDERE*	chènndèrè
DOUANE	*DOGANA*	dogana
EMBARQUEMENT	*IMBARCO*	immbarco
Embarcadère	*l'imbarcadero*	immbarcadéro
Équipage	*l'equipaggio*	écouipadjo
Escale	*lo scalo*	skalo
Excursion	*l'escursione*	escoursionè
Fiche de police	*la scheda*	skèda
Fouille de sécurité	*la perquisizione di sicurezza*	pèrcouisitsionè di sicourètsa
FUMEURS	*FUMATORI*	foumatori
Gilet de sauvetage	*il gilè di salvataggio*	djilè di salvatadjo
Horaire	*l'orario*	orario
Hublot	*l'oblo*	oblo
IMMIGRATION	*IMMIGRAZIONE*	immigratsionè
Jetée	*la diga*	diga
MÉDECIN DE BORD	*MEDICO DI BORDO*	mèdico di bordo
MONTER	*SALIRE*	salirè

Nœud (vitesse)	*il nodo*	nodo
NON FUMEURS	*NON FUMATORI*	non foumatori
Passeport	*il passaporto*	passaporto
Passerelle	*la passerella*	passèrèlla
Pont	*il ponte*	ponntè
Port	*il porto*	porto
Porteur	*il facchino*	fakkino
Poupe	*la poppa*	poppa
Proue	*la prua*	proua
Quai	*la banchina*	bannkina
Réservation	*la prenotazione*	prènotatsionè
Retard	*il ritardo*	ritardo
Sac	*la borsa*	borsa
Supplément	*il supplemento*	soupplèmènnto
Toilettes	*le toilette*	toilèttè
Tribord	*il tribordo*	tribordo
Valise	*la valigia*	validja
Visa	*il visto*	visto

Circulation

| *traffico* |
| traffico |

Comment peut-on **aller** à... ?

> **Come si può andare a... ?**
> comé si pouo anndaré a... ?

Il faut faire **demi-tour**.

> **Bisogna tornare indietro.**
> bisonya tornaré inndiétro.

À quelle **distance** suis-je de... ?

> **A che distanza sono da... ?**
> a kè distanntsa sono da... ?

Voulez-vous m'**indiquer** sur la carte... sur le plan ?

> **Può indicarmi sulla carta... sulla pianta ?**
> pouo inndicarmi soulla carta... soulla piannta ?

Est-ce **loin** d'ici ?

> **È lontano da qui ?**
> è lonntano da coui ?

Où y a-t-il un garage... un hôpital... un hôtel...
un restaurant... dans les environs ?

> **Dove posso trovare un garage...**
> **un ospedale... un hotel... un**
> **ristorante... nei dintorni ?**
> dovè posso trovarè oun garagè... oun
> ospèdalè... oun hotèl... oun
> ristoranntè... nèï dinntorni ?

Où puis-je **stationner** ?

> **Dove posso parcheggiare ?**
> dovè posso parkèdjarè ?

Tournez à droite... à gauche.

> **Giri a destra... a sinistra.**
> djiri a dèstra... a sinistra.

Vocabulaire		
À côté	*vicino a*	vitchino a
À droite	*a destra*	a dèstra
À gauche	*a sinistra*	a sinistra
Avenue	*il viale*	vialè
Banlieue	*la periferia*	pèrifèria
Boulevard	*il corso*	corso
Carrefour	*l'incrocio*	inncrotcho
Chemin	*la via*	via
Demi-tour	*dietro front*	dìètro front
Derrière	*dietro*	dìètro
Descente	*la discesa*	dichèsa
Devant	*davanti*	davannti
Direction	*la direzione*	dirètsionè
En face	*di fronte*	di fronntè
Environs (les)	*i dintorni*	dinntorni
Montée	*la salita*	salita
Parc	*il parco*	parco
Place	*la piazza*	piatsa

Pont	*il ponte*	ponntè
Route	*la strada*	strada
Rue	*la via*	via
Sens unique	*il senso unico*	sènnso ounico
– interdit	*– vietato*	– vietato
Sentier	*il sentiero*	sènntièro
Sous	*sotto*	sotto
Sur	*sopra*	sopra
Tournant	*il tornante*	tornanntè
Tout droit	*sempre dritto*	sèmmprè dritto
Tunnel	*il tunnel, la galleria*	tounnèl, gallèria

Panneaux routiers

segnali stradali
senyali stradali

ACCENDERE I FANALI	ALLUMEZ LES LANTERNES
AREA DI PARCHEGGIO	AIRE DE REPOS
ALTEZZA LIMITATA	HAUTEUR LIMITÉE
AUTOSTRADA	AUTOROUTE
BARRIERA AUTOMATICA	BARRIÈRE AUTOMATIQUE
BORDI CEDEVOLI	BAS-CÔTÉ NON STABILISÉ
BUCHI	TROUS
CADUTA PIETRE	CHUTES DE PIERRES
CENTRO	CENTRE
CIRCOLATE SU DUE CORSIE	CIRCULEZ SUR DEUX FILES
CIRCOLATE SU UNA CORSIA	CIRCULEZ SUR UNE FILE
CURVE PER... KM	VIRAGES SUR... KM
DEVIAZIONE	DÉVIATION
DOGANA	DOUANE
FRONTIERA	FRONTIÈRE
GHIACCIO	VERGLAS
INCROCIO PERICOLOSO	CROISEMENT DANGEREUX
LAVORI IN CORSO	TRAVAUX
NEBBIA	BROUILLARD
OSPEDALE	HÔPITAL
PARCHEGGIO A PAGAMENTO	PARKING PAYANT
PARCHEGGIO ALTERNO	STATIONNEMENT ALTERNÉ
PASSAGGIO A LIVELLO	PASSAGE À NIVEAU

PASSAGGIO ALTERNO	PASSAGE ALTERNÉ
PASSAGGIO PEDONALE	PASSAGE PIÉTONS
PASSAGGIO PROTETTO	PASSAGE PROTÉGÉ
PEDAGGIO A... KM	PÉAGE À... KM
PENDIO... %	PENTE... %
PERICOLO	DANGER
PERIFERICO	PÉRIPHÉRIQUE
POLIZIA	POLICE
PONTE	PONT
PRECEDENZA A DESTRA	PRIORITÉ À DROITE
PRECEDENZA A SINISTRA	PRIORITÉ À GAUCHE
RALLENTARE	RALENTIR
SCUOLA	ÉCOLE
SEMAFORI	FEUX DE CIRCULATION
SENSO UNICO	SENS UNIQUE
SENSO VIETATO	SENS INTERDIT
SENZA USCITA	SANS ISSUE
SMOTTAMENTO	ÉBOULEMENT
SOSTA LIMITATA	STATIONNEMENT LIMITÉ
SOSTA VIETATA	STATIONNEMENT INTERDIT
SOSTA VIETATA A ROULOTTE	INTERDIT AUX CARAVANES
STRADA ACCIDENTATA	ROUTE DÉFONCÉE
STRADA A CURVE	ROUTE SINUEUSE
STRADA INNEVATA	ROUTE ENNEIGÉE
STRADA INONDATA	ROUTE INONDÉE
STRADA NAZIONALE	ROUTE NATIONALE
STRADA PROVINCIALE	ROUTE DÉPARTEMENTALE
STRADA SBARRATA	ROUTE BARRÉE
STRADA SCIVOLOSA	CHAUSSÉE GLISSANTE
STRADA SDRUCCIOLEVOLE	ROUTE GLISSANTE
STRADA STRETTA	ROUTE ÉTROITE
USCITA AUTO	SORTIE DE VÉHICULES
VALICO APERTO	COL OUVERT
VALICO CHIUSO	COL FERMÉ
VELOCITA LIMITATA	VITESSE LIMITÉE
VIA SENZA USCITA	VOIE SANS ISSUE

Douane

dogana
dogana

Je n'ai que des **affaires personnelles**.

Non ho che delle cose personali.
nonn o kè dèllè cosè pèrsonali.

Ce **bagage** n'est pas à moi.

Questo bagaglio non è mio.
couèsto bagalyo nonn è mio.

Il y a seulement quelques **cadeaux**.

C'è solo qualche regalo.
tchè solo coualkè règalo.

Excusez-moi, je ne **comprends** pas.

Mi scusi, non capisco.
mi scousi, nonn capisco.

Je n'ai rien à **déclarer**.

Non ho niente da dichiarare.
nonn o niènntè da dikiararè.

J'ai oublié les papiers de **dédouanement** de mon appareil.

Ho dimenticato i documenti di sdoganamento del mio apparecchio.
o dimènnticato i docoumènnti di sdoganamènnto dèl mio apparèkio.

Pourriez-vous m'aider à remplir le **formulaire** ?

Può aiutarmi a riempire la mia scheda ?
pouo aioutarmi a rièmmpirè la mia skèda ?

Où logerez-vous ?

> **Dove alloggerà ?**
> dové allodjèra ?

Ouvrez le coffre... la valise... le sac.

> **Apra il cofano... la valigia... la borsa.**
> apra il cofano... la validja... la borsa.

Voici les **papiers** de la voiture.

> **Ecco i documenti dell'auto.**
> ècco i docoumènnti dèll'aouto.

Puis-je **partir** ?

> **Posso partire ?**
> posso partirè ?

Vous devez **payer des droits** sur cela.

> **Deve pagare delle tasse per questo oggetto.**
> dévè pagarè dèllè tassè pèr couèsto odjètto.

Je **reste** jusqu'à...

> **Rimango fino a...**
> rimanngo fino a...

Je suis **touriste**.

> **Sono un turista.**
> sono oun tourista.

Je suis en **transit**, je vais à...

> **Sono di passaggio, vado a...**
> sono di passadjo, vado a...

Je **viens** de...

> **Vengo da...**
> vènngo da...

Je **voyage pour affaires**.

> **Viaggio per affari.**
> viadjo pèr affari.

Vocabulaire		
Adresse	*l'indirizzo*	innditirso
Alcool	*il liquore*	licouoré
Carte d'identité	*la carta d'identità*	carta d'idènntita
– grise	*il libretto di circolazione*	librètto di çirkolatsionè
Cartouche	*la stecca*	stècca
Certificat d'assurance	*il certificato d'assicurazione*	tchèrtificato d'assicouratsionè
– de vaccination	*– di vaccinazione*	– di vatchinatsionè
Cigarettes	*le sigarette*	sigarèttè
CONTRÔLE DES PASSEPORTS	*CONTROLLO PASSAPORTI*	conntrollo passaporti
Date de naissance	*la data di nascita*	data di nachita
Domicile	*il domicilio*	domitchilio
Douane	*la dogana*	dogana
Droits de douane	*le tasse ou il dazio*	tassè, dadzio
Lieu de naissance	*il luogo di nascita*	louogo di nachita
Marié	*sposato*	sposato
Nom de jeune fille	*il nome da ragazza*	nomè da ragatsa
Parfum	*il profumo*	profoumo
Passeport	*il passaporto*	passaporto
Permis de conduire	*la patente*	patènnté
Plaque d'immatriculation	*la targa*	targa
Profession	*la professione*	professionè
Retraité	*in pensione*	inn pènnsionè
Souvenirs	*i souvenirs*	souvènir
Tabac	*il tabacco*	tabakko
Vin	*il vino*	vino

Métro

metropolitana
mètropolitana

Où se trouve la station la plus proche ?
Dov'è la stazione più vicina ?
dov'é la statsionè piou vitchina ?

Je voudrais un **billet**... un carnet de billets.

> **Vorrei un biglietto... un blocchetto di biglietti.**
> vorrèi oun bilyètto... oun blokètto di bilyètti.

Y a-t-il un **changement** ?

> **Bisogna cambiare ?**
> bisonya cammbiarè ?

Quelle **direction** dois-je prendre pour aller à...

> **Che direzione devo prendere per andare a...**
> kè dirétsionè dèvo prènndèrè pèr anndarè a...

À quelle **heure** ferme le métro ?

> **A che ora chiude il metro ?**
> a kè ora kioudè il mètro ?

Pouvez-vous me donner un **plan** du métro ?

> **Può darmi una pianta del metro ?**
> pouo darmi ouna piannta dèl mètro ?

La **porte**, s'il vous plaît.

> **La porta, per favore.**
> la porta, pèr favorè.

Cette **rame** va bien à... ?

> **Questo metro va a... ?**
> couèsto mètro va a... ?

Combien de **stations** avant... ?

> **Quante stazioni ci sono prima... ?**
> couanntè statsioni tchi sono prima... ?

Vocabulaire		
ACCÈS AUX QUAIS	*ACCESSO AI BINARI*	atchèsso aï binari
Billet	*il biglietto*	bilyètto
Carnet de billets	*blocchetto di biglietti*	blokkètto di bilyètti
Contrôleur	*il controllore*	conntrollorè

CORRESPONDANCE	*COINCIDENZA*	coïnntchidénntsa
Descendre	*scendere*	chénndéré
Direction	*la direzione*	dirétsioné
Distributeur	*il distributore*	distriboutoré
ENTRÉE	*ENTRATA*	énntrata
Escalier	*la scala*	scala
ESCALIER MÉCANIQUE	*SCALA MOBILE*	scala mobilé
Fermeture	*la chiusura*	kiousoura
Ligne	*la linea*	linéa
Monter	*salire*	saliré
Ouverture	*l'apertura*	apértoura
Plan	*la pianta*	piannta
Porte	*la porta*	porta
Rame	*il convoglio*	connvolyo
RENSEIGNEMENTS	*INFORMAZIONI*	innformatsioni
Signal d'alarme	*il segnale d'allarme*	sényalé d'allarmé
SORTIE	*USCITA*	ouchita
Station	*la stazione*	statsioné
Terminus	*il capolinea*	capolinéa
Voie	*il binario*	binario

Taxi

taxi
taxi

Pouvez-vous m'appeler un taxi ?

Può chiamarmi un taxi ?
pouo kiamarmi oun taxi ?

Où est la station de taxi la plus proche ?

Dov'é la stazione di taxi più vicina ?
dov'é la statsioné di taxi piou vitchina ?

Arrêtez-moi ici, s'il vous plaît.

Mi faccia scendere qui, per favore.
mi fatcha chénndéré coui, pér favoré.

Pouvez-vous m'**attendre** ?

> **Mi può aspettare ?**
> mi pouo aspèttarè ?

Combien prenez-vous pour aller à... ?

> **Quanto costa per andare a... ?**
> couannto costa pèr anndarè a... ?

Combien vous dois-je ?

> **Quanto le devo ?**
> couannto lè dèvo ?

Êtes-vous **libre** ?

> **È libero ?**
> è libèro ?

Je suis **pressé**.

> **Ho fretta.**
> o frètta.

Je suis en **retard**.

> **Sono in ritardo.**
> sono inn ritardo.

Je voudrais faire un **tour dans la ville**.

> **Vorrei fare un giro per la città.**
> vorrèï farè oun djiro pèr la tchitta.

Vocabulaire		
Bagage	*il bagaglio*	bagalyo
Compteur	*il taximetro*	taximètro
LIBRE	*LIBERO*	libèro
OCCUPÉ	*OCCUPATO*	occoupato
Pourboire	*la mancia*	manntcha
Prix	*il prezzo*	prètso
STATION	*STAZIONE*	statsionè
Supplément	*il supplemento*	soupplèménnto
Tarif de nuit	*la tariffa notturna*	tariffa nottourna

Train

treno
trèno

S'il vous plaît, où se trouve la gare ?

Per favore, dove si trova la stazione ?
per favorè, dovè si trova la statsionè ?

À quelle heure **arrive** le train venant de... ?

A che ora arriva il treno che viene da... ?
a kè ora arriva il trèno kè viènè da... ?

Je voudrais enregistrer les **bagages**

Vorrei registrare i bagagli.
vorrèï rèdjistrarè i bagaly.

Je voudrais un **billet** aller simple... aller retour... première classe... seconde classe.

Vorrei un biglietto di andata... di andata e ritorno... prima classe... seconda classe.
vorrèï oun bilyètto di anndata... anndata è ritorno... prima classè... sèconnda classè...

Dois-je **changer** de train ?

Devo cambiare treno ?
dèvo cammbiarè trèno ?

Où se trouve la **consigne** ?

Dov'è il deposito bagagli ?
dov'è il dèposito bagaly ?

Y a-t-il des **couchettes** ?

Ci sono delle cuccette ?
tchi sono dèllè coutchèttè ?

Combien **coûte** l'aller simple ?

> **Quanto costa l'andata ?**
> couannto costa l'anndata ?

Puis-je **fumer** ?

> **Posso fumare ?**
> posso foumarè ?

Cette place est-elle **libre** ?

> **È libero questo posto ?**
> è libèro couèsto posto ?

Quel est le **montant** du supplément ?

> **Quant'è il supplemento ?**
> couannt'è il soupplèmènnto ?

À quelle heure **part** le train pour... ?

> **A che ora parte il treno per... ?**
> a kè ora partè il trèno pèr... ?

Excusez-moi, cette **place** est réservée.

> **Mi scusi, questo posto è prenotato.**
> mi scousi, couèsto posto è prènotato.

Veuillez m'indiquer le **quai**... la voie.

> **Mi può indicare la banchina...**
> **il binario.**
> mi pouo inndicarè la bannkina...
> il binario.

Y a-t-il une **réduction** pour les enfants ?

> **C'è una riduzione per i bambini ?**
> tchè ouna ridoutsionè pèr i
> bammbini ?

Je désire **réserver** une place côté couloir... côté fenêtre.

> **Vorrei prenotare un posto dalla**
> **parte del corridoio... vicino alla**
> **finestra.**
> vorrèï prénotarè oun posto dalla partè
> dèl corridoïo... vitchino alla finèstra.

Le train a du **retard**.

> **Il treno è in ritardo.**
> il trèno é inn ritardo.

Pouvez-vous me **réveiller**... me prévenir ?

> **Può svegliarmi... chiarmarmi ?**
> pouo svèlyarmi... kiamarmi ?

Où sont les **toilettes** ?

> **Dove sono le toilette ?**
> dovè sono lè toilèttè ?

Pouvez-vous m'aider à monter ma **valise** ?

> **Può aiutarmi a portar su la valigia ?**
> pouo aioutarmi a portar sou la validja ?

Y a-t-il un **wagon-restaurant**... un **wagon-lit** ?

> **C'è un vagone ristorante... un vagone letto ?**
> tchè oun vagonè ristoranntè... oun vagonè lètto ?

Vocabulaire		
Aller	*l'andata*	anndata
ARRIVÉE	*ARRIVO*	arrivo
Bagages	*i bagagli*	bagaly
Banlieue	*la periferia*	pèrifèria
Billet	*il biglietto*	bilyètto
– aller simple	*– di andata*	– di anndata
– aller et retour	*– di andata e ritorno*	– di anndata è ritorno
– première classe	*– di prima classe*	– di prima classè
– seconde classe	*– di seconda classe*	– di sèconnda classè
BUFFET	*BUFFET*	bouffè
Changement	*il cambiamento*	cammbiamènnto
Chariot à bagages	*carrello per i bagagli*	carrèllo pèr i bagaly
CHEF DE GARE	*CAPOSTAZIONE*	capostatsionè
Coin	*l'angolo*	anngolo

Français	Italien	Prononciation
– couloir	– vicino al corridoio	– vitchino al corridoïo
– fenêtre	– vicino alla finestra	– vitchino alla finèstra
Compartiment	lo scompartimento	scommpartimènnto
CONSIGNE	DEPOSITO BAGAGLI	dèposito bagaly
CONTRÔLEUR	CONTROLLORE	conntrollorè
Correspondance	coincidenza	coïnntchidèntsa
Couchette	la cuccetta	coutchètta
Couloir	il corridoio	corridoïo
DÉPART	LA PARTENZA	partènntsa
ESCALIER MÉCANIQUE	SCALA MOBILE	scala mobilè
EXPÉDITION	SPEDIZIONE	spèditsionè
FUMEURS	FUMATORI	foumatori
Gare	la stazione	statsionè
GUICHET	SPORTELLO	sportèllo
Indicateur (horaires)	l'orario	orario
Kiosque à journaux	l'edicola	èdicola
NON FUMEURS	NON FUMATORI	non foumatori
Objets trouvés	oggetti smarriti	odjètti smarriti
PASSAGE SOUTERRAIN	PASSAGGIO SOTTERRANEO	passadjo sottèrranèo
Place assise	il posto a sedere	posto a sèdèrè
Porte	la porta	porta
PORTEUR	FACCHINO	fakkino
Portière	la portiera	portièra
QUAI	BINARIO	binario
RÉSERVATION	PRENOTAZIONE	prènotatsionè
Retard	il ritardo	ritardo
Retour	il ritorno	ritorno
Sac	la borsa	borsa
SALLE D'ATTENTE	SALA D'ATTESA	sala d'attèsa
SIGNAL D'ALARME	FRENO D'EMERGENZA	frèno d'èmèrgèntza
SORTIE	USCITA	ouchita
Supplément	il supplemento	soupplèmènnto
TOILETTES (W.C.)	TOILETTE	toilèttè
Valise	la valigia	validja
Voie	il binario	binario

| Wagon-lit | *il vagone letto* | vagonè lètto |
| Wagon-restaurant | *il vagone ristorante* | vagonè ristoranntè |

Voiture • moto

vettura • moto
vèttoura • moto

Station-service

stazione di servizio
statsionè di sèrvitsio

Donnez-moi 10... 20 litres d'essence... d'ordinaire... de super... de gas-oil... de sans plomb.

Mi dia dieci... venti litri
di benzina... di normale...
di super... di gasolio... di benzina
verde.
mi dia diètchi... vènnti litri
di bènndzina...
di normalè... di soupèr... di gasolio...
di bènndzinna vèrdè.

Faites le plein, s'il vous plaît.

Mi faccia il pieno, per favore.
mi fatcha il pièno, pèr favorè.

Il faudrait mettre de l'eau distillée dans la **batterie**.

Bisognerebbe mettere dell'acqua
distillata nella
batteria.
bisonyérèbbè mèttèrè dèll'acoua
distillata nèlla
battèria.

Combien cela va-t-il **coûter** ?

> **Quanto costerà ?**
> couannto costèra ?

Puis-je **laisser la voiture** ?

> **Posso lasciare la macchina ?**
> posso lacharè la makkina ?

Combien coûte le **lavage** ?

> **Quanto costa il lavaggio ?**
> couannto costa il lavadjo ?

Pouvez-vous **nettoyer** le pare-brise ?

> **Può lavare il parabrezza ?**
> pouo lavarè il parabrèdza ?

Quand sera-t-elle **prête** ?

> **Quando sarà pronta ?**
> couanndo sara pronnta ?

Pouvez-vous **régler** les phares... les codes.

> **Può regolare i fari... gli anabbaglianti.**
> pouo règolarè i fari... ly anabbalyannti.

Pouvez-vous **réparer** le pneu ?

> **Può riparare la ruota ?**
> pouo ripararè la rouota ?

Pouvez-vous **vérifier** l'eau... l'huile... les freins... la pression des pneus ?

> **Può verificare l'acqua... l'olio... i freni... la pressione delle ruote ?**
> pouo vèrificarè l'acoua... l'olio... i frèni... la prèssionè dèllè rouotè ?

Pouvez-vous faire une **vidange** et un graissage ?

> **Può cambiare l'olio e lubrificare ?**
> pouo cammbiarè l'olio è loubrificarè ?

Vocabulaire		
Accélérateur	*l'accelleratore*	atchèllèratorè
Accélérer	*accellerare*	atchèllèrarè
Aile	*il parafango*	parafanngo
Allumage	*l'accensione*	atchènnsionè
Allumer	*accendere*	atchènndèrè
Ampoule	*la lampadina*	lammpadina
Antigel	*l'antigelo*	anntidjèlo
Antivol	*l'antifurto*	anntifourto
Arrière	*dietro*	diètro
Avant	*davanti*	davannti
Avertisseur	*il clacson*	clacsonn
Axe	*il perno*	pèrno
Bas	*basso*	basso
Batterie	*la batteria*	battèria
Bloqué	*bloccato*	bloccato
Boîte de vitesses	*il cambio*	cammbio
Bouchon	*il tappo*	tappo
Bougie	*la candela*	canndèla
Boulon	*il bullone*	boullonè
Bruit	*il rumore*	roumorè
Câble	*il cavo*	cavo
Capot	*il cofano*	cofano
Carburateur	*il carburatore*	carbouratorè
Carrosserie	*la carrozzeria*	carrodzèria
Carter	*il carter*	cartèr
Cassé	*rotto*	rotto
Ceinture de sécurité	*la cintura di sicurezza*	tchinntoura di sicourètsa
Chambre à air	*la camera d'aria*	camèra d'aria
Changement de vitesse	*il cambiamento di velocità*	cammbiamènnto di vèlotchita
Changer	*cambiare*	cammbiarè
Châssis	*il telaio*	tèlaïo
Chauffage	*il riscaldamento*	riscaldamènnto
Circuit électrique	*il circuito elettrico*	tchircouito èlèttrico
Clef	*la chiave*	kiavè
– de contact	*di accensione*	atchènsione
Clignotant	*il lampeggiatore*	lammpèdjatorè
Code	*codice ou fari anabbaglianti*	coditchè ou fari anabbaliannti

Coffre	*il bagagliaio*	bagalyaïo
Compte-tours	*il contagiri*	conntadjiri
Compteur de vitesse	*il tachimetro*	takimètro
Condensateur	*il condensatore*	conndénnsatorè
Contact	*il contatto*	conntatto
Contravention	*la contravvenzione*	conntravènntsionè
Couler une bielle	*fondere una*	fonndèrè ouna
	bronzina	bronndzina
Courroie de	*la cinghia*	tchinnguia dèl
ventilateur	*del ventilatore*	venntilatorè
Court-circuit	*il cortocircuito*	cortotchircouito
Crevaison	*la foratura*	foratoura
Crevé	*bucato*	boucato
Crever	*bucare*	boucarè
Cric	*il cric*	cric
Culasse	*la testata*	tèstata
Débrayer	*disinnestare*	disinnèstarè
Déformé	*sformato*	sformato
Dégivrer	*sbrinare*	sbrinarè
Démarrer	*mettere in moto*	mèttèrè inn moto
	ou avviare	*ou* avviarè
Démarreur	*il motorino*	motorino
	d'avviamento	d'avviamènnto
Desserré	*allentato*	allenntato
Dévisser	*svitare*	svitarè
Direction	*la direzione*	dirètsionè
Dynamo	*la dinamo*	dinamo
Éclairage	*la luce*	loutchè
Écrou	*il dado*	dado
Embrayage	*la frizione*	fritsionè
Embrayer	*premere la frizione*	prèmèrè la fritsionè
Essence	*la benzina*	bènndzina
Essieu	*l'assale*	assalè
Essuie-glace	*il tergicristallo*	tèrdjicristallo
Fermé	*chiuso*	kiouso
Feux arrière	*fanali posteriori*	fanali postèriori
– de détresse	*– fari di sicurezza*	– fari di sicourètsa
– de position	*– fanali di posizione*	– fanali di positsionè
Filtre	*il filtro*	filtro
– à air	*– dell'aria*	– dèll'aria

Français	Italien	Prononciation
– à essence	– della benzina	– dèlla bènndzina
– à huile	– dell'olio	– dèll'olio
Frein	il freno	frèno
– à disque	– a disco	– a disco
– à main	– a mano	– a mano
Garniture de frein	la guarnizione	gouarnitsionè
Graisse	il lubrificante	loubrificanntè
Jante	il cerchione	tchèrkionè
Lavage	il lavaggio	lavadjo
Lave-glace	il lavacristallo	lavacristallo
Lent	lento	lènnto
Lubrifiant	il lubrificante	loubrificanntè
Mécanicien	il meccanico	mèccanico
Moteur	il motore	motorè
MOTO	MOTO	moto
béquille	il cavalletto di sostegno	cavallètto di sostènyo
cardan	il cardano	cardano
chaîne	la catena	catèna
fourche avant	la forcella anteriore	fortchèlla antériorè
– arrière	– posteriore	– postèriorè
garde-boue	il parafango	parafanngo
guidon	il manubrio	manoubrio
poignée	la manopola	manopola
– des gaz	– del gas	– del gas
rayon	il raggio	radjo
repose-pieds	il poggiapiedi	podjapièdi
selle	il sellino	sèllino
Nettoyer	pulire	poulirè
Ouvert	aperto	apèrto
Pare-brise	il parabrezza	parabrèdza
Pare-chocs	il paraurti	paraourti
Pédale	il pedale	pédalè
Phare	faro	faro
– anti-brouillard	il fanale anti nebbia	fanalè annti nèbbia
– de recul	– retromarcia	– rètromartcha
Pièce de rechange	il pezzo di ricambio	pétso di ricammbio
Pince	le pinze	pinntsè
Plaque d'immatriculation	la targa	targa
Pneu	il pneumatico	pnèoumatico
Pompe	la pompa	pommpa
– à essence	– della benzina	– dèlla bènndzina

– à huile	*– dell'olio*	– dèll'olio
– à injection	*– a iniezione*	– a inniètsionè
Pot d'échappement	*il tubo di scappamento*	toubo di scappamènnto
Pousser	*spingere*	spinndjèrè
Pression	*la pressione*	prèssionè
Radiateur	*il radiatore*	radiatorè
Ralenti	*minimo*	minimo
Ralentir	*rallentare*	ralènntarè
Recharger	*ricaricare*	ricaricarè
Reculer	*indietreggiare*	indiètrèdjarè
Refroidissement	*il raffreddamento*	raffrèddamènnto
Régler	*regolare*	règolarè
Remorquer	*rimorchiare*	rimorkiarè
Remplacer	*rimpiazzare*	rimmpiadzarè
Réparation	*la riparazione*	riparatsionè
Réservoir	*il serbatoio*	sèrbatoïo
Rétroviseur	*il retrovisore*	rètrovisorè
Roue	*la ruota*	rouota
– de secours	*– di scorta*	– di scorta
Serrer	*stringere*	strinngèrè
Serrure	*la serratura*	sèrratoura
Siège	*il sedile*	sèdilè
Soupape	*la valvola*	valvola
Suspension	*lo sospensione*	sospènnsionè
Tambour de frein	*il tamburo del freno*	tammbouro dèl frèno
Thermostat	*il termostato*	tèrmostato
Tirer	*tirare*	tirarè
Tournevis	*il cacciavite*	catchavitè
Transmission	*la trasmissione*	trasmissionè
Triangle de signalisation	*il triangolo di segnalazione*	trianngolo di sènyalatsionè
Usé	*consunto*	connsounnto
Ventilateur	*il ventilatore*	vènntilatorè
Vibrer	*vibrare*	vibrarè
Vis	*la vite*	vitè
Vite	*rapidamente*	rapidamènntè
Vitesse	*la velocità*	vèlotchita
Volant	*il volante*	volanntè

Logement • restauration

Camping

camping
cammping

Où y a-t-il un terrain de camping ?

Dov'è un terreno per campeggio ?
dov'é oun terrèno pèr cammpèdjo ?

Comment y parvenir ?

Comé ci si arriva ?
comè tchi si arriva ?

Pouvez-vous me montrer le chemin sur la carte ?

Può mostrarmi il percorso sulla carta ?
pouo mostrarmi il pèrcorso soulla carta ?

Où puis-je acheter une bouteille de gaz... une torche électrique ?

Dove posso comprare una bombola di gas... una torcia elettrica ?
dovè posso commprarè ouna bommbola di gas... ouna tortcha èlèttrica ?

Où puis-je dresser la tente ?

Dove posso montare la tenda ?
dovè posso monntarè la tènnda ?

Où puis-je trouver de l'eau potable ?

Dove posso trovare dell'acqua potabile ?
dovè posso trovarè dèll'acoua potabilè ?

Où puis-je **garer la caravane** ?

> **Dove posso parcheggiare la roulotte ?**
> dové posso parkèdjaré la roulotté ?

Y a-t-il un **magasin d'alimentation** ?

> **C'è un negozio di alimentari ?**
> tchè oun négotsio di aliménntari ?

Avez-vous de la **place** ?

> **Avete posto ?**
> avèté posto ?

Quel est le **prix** par jour et par personne...
pour la voiture... la caravane... la tente ?

> **Quanto costa al giorno, per persona...**
> **per l'auto... per la roulotte... per la tenda ?**
> couannto costa al djorno, pèr pèrsona...
> pèr l'aouto... pèr la roulotté... pèr la ténnda ?

Comment se fait le **raccord au réseau électrique** ?

> **Come si fa l'allacciamento alla rete elettrica ?**
> come si fa l'allatchaménnto alla rèté élèttrica ?

Nous désirons **rester**... jours... semaines.

> **Vorremmo restare... giorni... settimane.**
> vorrèmmo rèstaré... djorni... séttimané.

Le camping est-il **surveillé** la nuit ?

> **Il camping è sorvegliato di notte ?**
> il cammping è sorvélyato di notté ?

Où sont les **toilettes**... les douches... les poubelles... ?

> **Dove sono le toilette... le docce... i bidoni delle immondizie ?**
> dovè sono lè toilettè... lè dotchè... i bidoni dèllè immonnditsiè ?

Quel est le **voltage** ?

> **Qual'è il voltaggio ?**
> coual'è il voltadjo ?

Vocabulaire		
Alcool à brûler	*alcole*	alcolè
Allumette	*il fiammifero*	fiammifèro
Ampoule	*la lampadina*	lammpadina
Assiette	*il piatto*	piatto
Bidon	*il bidone*	bidonè
Bougie	*la candela*	canndèla
Bouteille de gaz	*la bombola del gas*	bommbola dèl gas
Branchement	*l'allacciamento*	allatchamènnto
Briquet	*l'accendino*	atchènndino
Buanderie	*la lavanderia*	lavanndèria
CAMPING INTERDIT	*DIVIETO DI CAMPEGGIO*	divièto di cammpèdjo
Caravane	*la roulotte*	roulottè
Casserole	*la pentola*	pènntola
Catégorie	*la categoria*	catègoria
Chaise	*la sedia*	sèdia
Chaise longue	*la sedia a sdraio*	sèdia a sdraïo
Chauffage	*il riscaldamento*	riscaldamènnto
Corde	*la corda*	corda
Couteau	*il coltello*	coltèllo
Couverts	*le posate*	posatè
Couverture	*la coperta*	copèrta
Cuiller	*il cucchiaio*	coukiaïo
Décapsuleur	*l'apri-bottiglie*	apri-bottilyè
Douche	*la doccia*	dotcha
Draps	*le lenzuola*	lènntsouola
Eau chaude	*l'acqua calda*	acoua calda
– froide	*– fredda*	– frèdda

– potable	– potabile	– potabilè
Emplacement	l'area	arèa
Enregistrement	la registrazione	rèdjistratsionè
Fourchette	la forchetta	forkètta
Gardien	il guardiano	gouardiano
Gobelet	il bicchiere	bikkièrè
Gourde	la borraccia	borratcha
Lampe de poche	la pila tascabile	pila tascabilè
Lampe-tempête	la lampada a petrolio	lammpada a pètrolio
Linge	la biancheria	biannkèria
Lit de camp	la branda	brannda
Louer	affittare	affittarè
Machine à laver	la lavatrice	lavatritchè
Marteau	il martello	martèllo
Mât de tente	il pennone da tenda	pènnone da tènnda
Matelas	il materasso	matèrasso
– pneumatique	– gonfiabile	– gonnfiabilè
Matériel de camping	il materiale da camping	matèrialè da cammping
Moustiquaire	la zanzariera	dzandzarièra
Ouvre-boîtes	l'apriscatole	apriscatolè
Papier hygiénique	la carta igienica	carta idjènica
Pinces	le pinze	pinntsè
– à linge	le mollette per la biancheria	mollèttè pèr la biannkèria
Piquet de tente	il paletto da tenda	palètto da tènnda
Piscine	la piscina	pichina
Poubelle	le immondizie	immonnditsiè
Prise de courant	la presa di corrente	prèsa di corrènntè
Réchaud	il fornello	fornèllo
Réfrigérateur	il frigorifero	frigorifèro
Remorque	il rimorchio	rimorkio
Robinet	il rubinetto	roubinètto
Sac à dos	lo zaino	dzaïno
– de couchage	il sacco a pelo	sacco a pèlo
Seau	il secchio	sèkio
Table	la tavola	tavola
Tapis de sol	il tappeto	tappèto
Tasse	la tazza	tadza
Tendeur	il cavo	cavo

Tente	*la tenda*	tènnda
Terrain	*il terreno*	tèrrèno
– de jeu	*– giochi*	– djoki
Toilettes	*le toilette*	tollèttè
Tournevis	*il cacciavite*	catchavitè
Trousse de secours	*la borsa di soccorso*	borsa di soccorso
Vaisselle	*le stoviglie*	stovìlyè

Hôtel

albergo
albèrgo

Où y a-t-il un bon hôtel… un hôtel bon marché ?

> **Dove posso trovare un buon albergo… un albergo che non sia caro ?**
> dovè posso trovarè oun bouonn albèrgo… oun albèrgo kè nonn sia caro ?

Je suis monsieur… madame… mademoiselle… j'ai réservé pour une, deux nuits, une chambre (ou deux chambres) (un lit ou deux lits) avec douche… avec bain… avec télévision.

> **Sono il signor… la signora… la signorina… ho prenotato per una notte, due notti, una camera (o due camere) (un letto o due letti), con doccia… con bagno… con tivù.**
> sono il sinyor… la sinyora… la sinyorina… o prènotato pèr ouna nottè, douè notti, ouna camera (o douè camèrè) (oun lètto o douè lètti), conn dotcha… conn banyo… conn tivou.

S'il vous plaît, voulez-vous me **remettre votre passeport**... vos papiers d'identité ?

> **Per favore, mi dia il passaporto...**
> **i documenti ?**
> pèr favorè, mi dia il passaporto...
> i docoumènnti ?

Acceptez-vous les **animaux** ?

> **Accettate gli animali ?**
> atchèttatè ly animali ?

Pouvez-vous **appeler** pour moi un autre hôtel ?

> **Può chiamare per me un altro**
> **albergo ?**
> pouo kiamarè pèr mè oun altro
> albèrgo ?

J'**attends** quelqu'un. Je suis dans le salon... au bar.

> **Aspetto qualcuno. Sono nel**
> **salone... al bar.**
> aspètto coualcouno. Sono nèl salonè...
> al bar.

Pouvez-vous monter les **bagages** ?

> **Può portare i bagagli ?**
> pouo portarè i bagaly ?

Où se trouve le **bar** ?

> **Dov'è il bar ?**
> dov'è il bar ?

Je voudrais une chambre **calme**... moins chère.

> **Vorrei una camera calma... meno**
> **cara.**
> vorrèï ouna camèra calma... mèno cara.

Avec vue sur la mer... sur la montagne... sur la rue.

> **Con vista sul mare... sulla**
> **montagna... sulla strada.**
> conn vista soul marè... soulla
> monntanya... soulla strada.

Acceptez-vous les eurochèques... les **cartes de crédit** ?

> **Accetta gli eurochèques... le carte di credito ?**
> atchètta ly eurochéqué... lé carté di crédito ?

Avez-vous des **cartes postales** ? Des timbres ?

> **Ha delle cartoline... dei francobolli ?**
> a dèllé cartoliné... dèi francobolli ?

Peut-on voir la **chambre**, s'il vous plaît ?

> **Posso vedere la camera, per favore ?**
> posso vèdèré la camèra, pèr favoré ?

Pouvez-vous me donner la **clef**, s'il vous plaît ?

> **Può darmi la chiave, per favore ?**
> pouo darmi la kiavè, pèr favoré ?

J'ai laissé la **clef** à l'intérieur.

> **Ho lasciato la chiave all'interno.**
> o lachato la kiavè all'inntèrno.

Avez-vous un **coffre** ?

> **Ha una cassaforte ?**
> a ouna cassafortè ?

Nous sommes **complets**.

> **Siamo completi.**
> siamo commplèti.

Pourriez-vous faire **descendre** mes bagages ?

> **Può farmi scendere i bagagli ?**
> pouo farmi chènndèré i bagaly ?

L'**électricité** (la prise de courant) ne fonctionne pas.

> **L'elettricita (la presa di corrente) non funziona.**
> l'élèttritchita (la prèsa di corrènnté) nonn founndziona.

Voulez-vous m'envoyer la **femme de chambre** ?

Vuol mandarmi la cameriera ?
vouol manndarmi la camèrièra ?

La **fenêtre** (la porte, le verrou) **ferme mal**.

La finestra (la porta, il chiavistello) chiude male.
la finèstra (la porta, il kiavistèllo) kioudè malè.

Le **lavabo**... les toilettes... le bidet... est (sont) bouché(s)

Il lavabo... il gabinetto... il bidé... é otturato (sono otturati).
il lavabo... il gabinètto... il bidè... è ottourato (sono ottourati).

J'ai du linge à faire **laver**... nettoyer... repasser.

Ho della biancheria da far lavare... pulire... stirare.
o dèlla biannkèria da far lavarè... poulirè... stirarè.

Ce n'est pas mon **linge**.

Non è la mia biancheria.
nonn è la mia biannkèria.

Y a-t-il un **message** pour moi ?

C'è un messaggio per me ?
tchè oun mèssadjo pèr mè ?

Pourriez-vous m'expliquer le détail de cette **note** ?

Può spiegarmi questo conto più dettagliatamente ?
pouo spiègarmi couèsto connto piou dèttalyatamènntè ?

Je ne peux pas **ouvrir** la porte de ma chambre.

Non posso aprire la porta della mia camera.
nonn posso aprirè la porta dèlla mia camèra.

Avez-vous un **parking** ou un garage ?

> **Avete un parcheggio o un garage ?**
> avété oun parkédjo o oun garage ?

Non, il y a un parcmètre.

> **No, c'è un parchimetro.**
> no, tchè oun parkimétro.

Je pense **partir** demain. **Préparez ma note**, s'il vous plaît.

> **Penso di partire domani. Mi può preparare**
> **il conto, per favore ?**
> pénnso di partiré domani. Mi pouo prépararé
> il connto pér favoré ?

Le **petit déjeuner** est-il inclus ? Servi dans la chambre ? Avec ou sans supplément ?

> **La colazione è inclusa ? Servita in camera ?**
> **Con o senza supplemento ?**
> la colatsioné è innclousa ? sérvita inn caméra ?
> conn o sénndza soupplémènnto ?

Petit déjeuner continental ou américain ?

> **Colazione continentale**
> **o all'americana ?**
> colatsioné conntinénntalé
> o all'américana ?

Je suis **pressé**... en retard.

> **Ho fretta... sono in ritardo.**
> o frétta... sono inn ritardo.

Je vous **remercie** de votre excellent service.

> **La ringrazio del suo eccellente servizio.**
> la rinngratsio dèl souo étchèllènnté sérvidzio.

S'il vous plaît, pouvez-vous me **remettre mon passeport**... mes papiers d'identité ?

Per favore, mi può restituire il passaporto... i documenti ?
pér favoré, mi pouo restituire
il passaporto...
i doci ménnti ?

Je **rentre** (je reviens) à... heures.

Rientro (ritorno) alle...
riénntro (ritorno) allé...

Avez-vous un bureau de **réservation** pour les spectacles... les visites touristiques ?

Avete un ufficio per prenotare gli spettacoli... le visite turistiche ?
avété oun ouffitcho pér prénotaré
ly spéttacoli... lé visité touristiké ?

Y a-t-il un **restaurant** à l'hôtel ?

C'è un ristorante nell'albergo ?
tché oun ristoranntè néll'albérgo ?

Oui, Monsieur, au premier étage.

Si, Signore, al primo piano.
si, sinyoré, all primo piano.

Combien de temps **restez**-vous ?

Quanto tempo resta ?
couannto témmpo rèsta ?

Je pense **rester**... jours... semaines... jusqu'au...

Penso di rimanere... giorni... settimane... fino a...
pénnso di rimanéré... djorni...
séttimané... fino a...

Voudriez-vous me **réveiller** à... heures ?

> **Può farmi svegliare alle...**
> pouo farmi svélyaré allé...

Je voudrais une **serviette** de bain... une couverture...
du fil à coudre et une aiguille... du savon... du papier
à lettres... une enveloppe.

> **Vorrei un asciugamano... una
> coperta... un ago e del filo... del
> sapone... della carta da lettere...
> una busta.**
> vorréï oun achougamano... ouna
> copèrta... oun ago é dèl filo... dèl
> saponé... dèlla carta da lèttéré... ouna
> bousta...

Le **stationnement** est-il permis dans cette rue ?

> **Il parcheggio è permesso in questa
> strada ?**
> il parkèdjo é pèrmèsso inn couèsta
> strada ?

Je voudrais **téléphoner** en France... en ville.

> **Vorrei telefonare in Francia...
> in città.**
> vorréï téléfonaré inn Franntcha...
> inn tchitta.

Vous appelez de votre chambre le numéro...

> **Dalla sua camera lei sta chiamando
> il numero...**
> dalla soua camèra lei sta kiamanndo
> il nouméro...

Combien de **temps** faut-il pour aller à la gare...
à l'aéroport ?

> **Quanto tempo ci vuole per la
> stazione... per l'aeroporto ?**
> couannto tèmmpo tchi vouolé pèr la
> statsioné... pèr l'aèroporto ?

Nos **voisins** sont bruyants.

| **I nostri vicini sono rumorosi.**
| i nostri vitchini sono roumorosi.

Quel est le **voltage** ?

| **Qual'è il voltaggio ?**
| coualè il voltadjo ?

Vocabulaire		
Accueil	*l'accoglienza*	accolyènndza
Air conditionné	*l'aria condizionata*	aria conndidzionata
Ampoule	*la lampadina*	lammpadina
Arrivée	*l'arrivo*	arrivo
Ascenseur	*l'ascensore*	achènnsorè
Bagages	*i bagagli*	bagaly
Baignoire	*la vasca da bagno*	vasca da banyo
Balcon	*il balcone*	balconè
Bidet	*il bidè*	bidè
Caisse	*la cassa*	cassa
Cendrier	*il portacenere*	portatchènèrè
Chaise	*la sedia*	sèdia
Chambre	*la camera*	camèra
Chasse d'eau	*lo sciacquone*	chacouonè
Chaud	*caldo*	caldo
Chauffage	*il riscaldamento*	riscaldamènnto
Chèque de voyage	*l'assegno di viaggio*	assènyo di viadjo
Cintre	*l'attaccapanni*	attaccapanni
Clef	*la chiave*	kiavè
COMPLET	*COMPLETO*	commplèto
CONCIERGE	*SEGRETARIO ALLA RECEPTION*	sègrètario alla récéption
Courant	*la corrente*	corrènntè
Couverture	*la coperta*	copèrta
Demi-pension	*la mezza pensione*	mèdza pènnsionè
Départ	*la partenza*	partènntsa
Direction	*la direzione*	dirètsionè
Douche	*la doccia*	dotcha
Draps	*le lenzuola*	lènntsouola
Eau chaude	*l'acqua calda*	acoua calda
– froide	*– fredda*	– frèdda

Écoulement	*lo scolo*	scolo
Escalier	*la scala*	scala
Étage	*il piano*	piano
Femme de chambre	*la cameriera*	camèrièra
FERMÉ	*CHIUSO*	kiouso
Froid	*freddo*	frèddo
Fuite	*la perdita*	pèrdita
Interrupteur	*l'interruttore*	intèrrouttorè
Lit	*il letto*	lètto
Lumière	*la luce*	loutchè
Manger	*mangiare*	manndjarè
Matelas	*il materasso*	matèrasso
Miroir	*lo specchio*	spèkio
Nettoyer	*pulire*	poulirè
Note	*il conto*	connto
OUVERT	*APERTO*	apèrto
Papiers d'identité	*la carta d'identità*	carta d'idènntita
Passeport	*il passaporto*	passaporto
Pension complète	*la pensione completa*	pènnsionè commplèta
Porteur	*il facchino*	fakkino
Portier	*il portiere*	portièrè
Rasoir électrique	*il rasoio elettrico*	rasoïo èlèttrico
– mécanique	*il rasoio*	rasoïo
RÉCEPTION	*RECEPTION*	rècèption
Réfrigérateur	*il frigorifero*	frigorifèro
Rez-de-chaussée	*piano terra*	piano tèrra
Robinet	*il rubinetto*	roubinètto
SALLE À MANGER	*SALA DA PRANZO*	sala da pranndzo
Salle de bains	*il bagno*	banyo
Savon	*il sapone*	saponè
SERVICE	*SERVIZIO*	sèrvitsio
Serviette de bain	*l'asciugamano*	achougamano
Table de nuit	*il comodino*	comodino
Terrasse	*la terrazza*	terradza
TOILETTES	*GABINETTO*	gabinètto
Verrou	*il catenaccio*	catènatcho
Voltage	*il voltaggio*	voltadjo

Petit déjeuner

colazione
colatsioné

Assiette	*il piatto*	piatto
Beurre	*il burro*	bourro
Boire	*bere*	béré
Bol	*la scodella*	scodélla
Café	*il caffé*	caffé
– au lait	*il caffellatte*	cafféllatté
Chaud	*caldo*	caldo
Chocolat	*il cioccolato*	tchoccolato
– (boisson)	*la cioccolata*	tchoccolata
Citron	*il limone*	limoné
Confiture	*la marmellata*	marméllata
Couteau	*il coltello*	coltéllo
Cuiller	*il cucchiaio*	coukkiaïo
– (petite)	*il cucchiaino*	coukkiaïno
Eau	*l'acqua*	acoua
Fourchette	*la forchetta*	forkétta
Froid	*freddo*	fréddo
Fromage	*il formaggio*	formadjo
Fruit	*la frutta*	froutta
Jambon	*il prosciutto*	prochoutto
Jus de citron	*il succo di limone*	soucco di limoné
– d'orange	*– d'arancia*	– d'aranntcha
– de pamplemousse	*– di pompelmo*	– di pommpélmo
– de pomme	*– di mela*	– di méla
Manger	*mangiare*	manndjaré
Miel	*il miele*	miélé
Œufs brouillés	*le uova strapazzate*	ouova strapatsaté
– à la coque	*– alla coque*	– alla coqué
– sur le plat	*– al tegamino*	– all tégamino
Omelette	*la frittata*	frittata
Pain	*il pane*	pané
Poivre	*il pepe*	pépé
Saucisses	*le salsicce*	salsitché
Sel	*il sale*	salé
Soucoupe	*il piattino*	piattino
Sucre	*lo zucchero*	dzoukéro

Table	*la tavola*	tavola
Tasse	*la tazza*	tatsa
Thé	*té*	tè
Toasts	*i toast*	toast
Verre	*il bicchiere*	bikkièrè
Yoghourt	*lo yogurt*	yogourt

Animaux de compagnie

animali domestici
animali domèstitchi

Acceptez-vous les **animaux**... les chats... les chiens ?

Accettate gli animali... i gatti... i cani ?
atchèttatè ly animali... i gatti... i cani ?

Mon chien n'est pas **méchant**.

Il mio cane non è cattivo.
il mio canè nonn è cattivo.

Faut-il payer un **supplément** ?

Devo pagare un supplemento ?
dèvo pagarè oun soupplèmennto ?

Où puis-je trouver un **vétérinaire** ?

Dove posso trovare un veterinario ?
dovè posso trovarè oun vètèrinario ?

Vocabulaire		
Aboyer	*abbaiare*	abbaïarè
Certificat	*il certificato*	tchèrtificato
Chat	*il gatto*	gatto
Chien	*il cane*	canè
Chienne	*la cagna*	canya
Collier	*il collare*	collarè
Croc	*la zanna*	dzanna
Docile	*docile*	dotchilè
Enragé	*arrabbiato*	arrabbiato

Gueule	*le fauci*	faoutchi
Laisse	*il guinzaglio*	gouinntsalyo
Malade	*malato*	malato
Miauler	*miagolare*	miagolarè
Muselière	*la musoliera*	mousolièra
Obéissant	*obbediente*	obbèdiènntè
Pattes	*le zampe*	dzammpè
Propre	*pulito*	poulito
Queue	*la coda*	coda
Vaccin	*il vaccino*	vatchino

Restauration • café

ristorazione • caffè
ristoratsionè • cafè

Pouvez-vous m'indiquer un bon restaurant...
un restaurant typique ?

Può indicarmi un buon ristorante... un ristorante tipico ?
pouo inndicarmi oun bouonn ristoranntè...
oun ristoranntè tipico ?

Un restaurant bon marché... à prix raisonnables ?

Un ristorante a buon mercato... con dei prezzi ragionevoli ?
oun ristoranntè a bouonn mèrcato...
conn dèi prèdzi radjonèvoli ?

Vocabulaire		
FERMÉ	OUVERT	COMPLET
CHIUSO	*APERTO*	*COMPLETO*
kiouso	apèrto	commplèto

Apportez-moi la carte, s'il vous plaît.

Mi porti il menù, per favore.
mi porti il mènou, pèr favorè.

Avez-vous une table libre... dehors... sur la terrasse... près de la fenêtre.

> **Ha una tavola libera... fuori... sulla terrazza... vicino alla finestra.**
> a ouna tavola libèra... soulla tèrratsa... vitchino alla finèstra.

Non, Monsieur, tout est réservé.

> **No, Signore, è tutto prenotato.**
> no, sinyorè, è toutto prénotato.

S'il vous plaît, je voudrais une **boisson**... chaude... fraîche... une bière... un verre de... un jus de fruits.

> **Per favore, vorrei una bibita... calda... fresca... una birra... un bicchiere da... un succo di frutta.**
> pèr favorè, vorrèï ouna bibita... calda... frèsca... ouna birra... oun bikkièrè da... oun soucco di froutta.

Que me conseillez-vous sur la **carte** ?

> **Cosa mi consiglia in questo menù ?**
> cosa mi connsilya inn couèsto mènou ?

Je n'ai pas **commandé** cela.

> **Non è ciò che ho ordinato.**
> nonn è tcho kè o ordinato.

C'est trop **cuit**... ce n'est pas assez cuit.

> **È troppo cotto... non è abbastanza cotto.**
> è troppo cotto... nonn è abbastanndza cotto.

Pouvons-nous **déjeuner**... **dîner**.

> **Possiamo pranzare... cenare ?**
> possiamo pranntsarè... tchènarè ?

Pouvez-vous attendre un moment ?

> **Può aspettare un attimo ?**
> pouo aspèttarè oun attimo ?

Je ne désire pas d'**entrée**.

> **Non desidero un antipasto.**
> nonn désidéro oun anntipasto.

Il y a une **erreur**.

> **C'è un errore.**
> tché oun érroré.

Est-ce **fromage** ou **dessert**, ou les deux ?

> **Formaggio o dolce, o tutti e due ?**
> formadjo o doltché, o toutti é doué ?

Servez-vous un **menu** à prix fixe ?

> **Avete un menù turistico ?**
> avété oun ménou touristico ?

Pouvez-vous **réchauffer** ce plat, il est froid.

> **Può riscaldare questo piatto ?**
> **È freddo.**
> pouo riscaldaré couésto piatto ?
> é fréddo.

J'ai **réservé** une table pour deux personnes.

> **Ho prenotato un tavolo per due persone.**
> o prénotato oun tavolo pér doué pérsoné.

Je voudrais **réserver** une table pour quatre personnes.

> **Vorrei prenotare un tavolo per quattro persone.**
> vorréï prénotaré oun tavolo pér couattro pérsoné.

Le **service** est-il compris ?

> **Il servizio è compreso ?**
> il sérvitsio é commpréso ?

L'addition **s'il vous plaît**.

> **Il conto per favore.**
> il connto pér favoré.

Où sont les **toilettes**, s'il vous plaît ?

> **Dove sono le toilette, per favore ?**
> dové sono lè toilètté, pèr favoré ?

Ce **vin** sent le bouchon.

> **Questo vino sa di tappo.**
> couèsto vino sa di tappo.

VOCABULAIRE		
Addition	*il conto*	connto
Agneau	*l'agnello*	anyèllo
Ail (avec)	*con l'aglio*	conn l'alyo
– (sans)	*senza l'aglio*	sènntsa l'alyo
Anchois	*le acciughe*	atchougué
Apéritif	*l'aperitivo*	apèritivo
Assaisonner	*condire*	conndiré
Assiette	*il piatto*	piatto
Aubergines	*le melanzane*	mèlanntsané
Beurre	*il burro*	bourro
Bière blonde	*la birra bionda*	birra bionnda
– bouteille	*la bottiglia di birra*	bottilya di birra
– brune	*la birra bruna*	birra brouna
– pression	*la birra alla spina*	birra alla spina
Bleu	*blu*	blou
Bœuf	*il manzo*	manndzo
Boisson	*la bibita*	bibita
Bouchon	*il tappo*	tappo
Bouilli	*bollito*	bollito
Bouteille	*la bottiglia*	bottilya
Braisé	*brasato*	brasato
Brûlé	*bruciato*	broutchato
Café	*il caffé*	caffè
– fort	*– forte*	– fortè
– léger	*– leggero*	– lèdjèro
– au lait	*il caffellatte*	caffèllattè
Caille	*la quaglia*	coualya
Canard	*l'anatra*	anatra
Carafe	*la caraffa*	caraffa
Carottes	*le carote*	caroté

Cendrier	*il portacenere*	portatchénéré
Champignons	*i funghi*	founngui
Charcuterie	*gli affettati*	affèttati
Chaud	*caldo*	caldo
Chocolat	*il cioccolato*	tchoccolato
Chou	*il cavolo*	cavolo
Citron	*il limone*	limoné
Courgettes	*i zucchini*	dzoucchini
Couteau	*il coltello*	coltèllo
Couverts	*le posate*	posaté
Crème	*la panna*	panna
Cuiller à soupe	*il cucchiaio*	coukkiaïo
– (petite)	*il cucchiaino*	coukkiaïno
Cuit	*cotto*	cotto
– (bien)	*ben cotto*	bènn cotto
– (peu)	*poco cotto*	poco cotto
– au four	*cotto al forno*	cotto all forno
– à la vapeur	*– al vapore*	– all vaporé
Cure-dents	*lo stuzzicadenti*	stoutsicadènnti
Déjeuner	*il pranzo*	pranndzo
– (petit)	*la colazione*	colatsioné
Dessert	*il dolce*	doltché
Diététique	*dietetico*	diètètico
Eau minérale gazeuse	*l'acqua minerale gasata*	acoua minéralé gasata
– plate	*– naturale*	– natouralé
Épices	*le spezie*	spètsié
Faim	*la fame*	famé
Farci	*farcito ou ripieno*	fartchito *ou* ripiéno
Foie	*il fegato*	fègato
Fourchette	*la forchetta*	forkètta
Frais	*fresco*	frèsco
Fraises	*le fragole*	fragolé
Framboises	*i lamponi*	lammponi
Frit	*fritto*	fritto
Frites	*le patatine fritte*	patatiné frittè
Fromage	*il formaggio*	formadjo
Fruit	*il frutto*	froutto
Fruits de mer (coquillages)	*i frutti di mare, le vongole*	froutti di maré, vonngolé
Garçon	*il cameriere*	camèrièré

Gibier	*la selvaggina*	sélvadjina
Gigot	*il cosciotto*	cochotto
Glace	*il gelato*	djélato
Goût	*il gusto*	gousto
Grillé	*alla griglia*	grilya
Haricots en grains	*i fagioli*	fadjoli
– verts	*i fagiolini*	fadjolini
Huile	*l'olio*	olio
– d'olive	*– d'oliva*	– d'oliva
Jambon	*il prosciutto*	prochoutto
Jus de fruits	*il succo di frutta*	soucco di froutta
Langoustines	*gli scampi*	scammpi
Lapin	*il coniglio*	conilyo
Légumes	*la verdura*	vèrdoura
Melon	*il melone*	mélonè
Menu	*il menu*	ménou
Moutarde	*la senape*	sénapé
Mouton	*il montone*	monntonè
Nappe	*la tovaglia*	tovalya
Œufs brouillés	*le uova strapazzate*	ouova strapatsatè
– à la coque	*– alla coque*	– alla coquè
– au plat	*– al tegamino*	– all tègamino
– durs	*– sode*	– sodè
Oignons	*le cipolle*	tchipollè
Omelette	*la frittata*	frittata
Pâtes	*la pasta*	pasta
Pâtisserie	*la pasticceria*	pastitchèria
Pêche	*la pesca*	pèsca
Petits pois	*i piselli*	pisèlli
Pichet	*la caraffa*	caraffa
Plat	*la pietanza*	piètanntsa
– du jour	*la specialità*	spètchalita
Point (à)	*cotto a puntino*	cotto a pounntino
Poireaux	*i porri*	porri
Poivre	*il pepe*	pèpè
Poivrons	*i peperoni*	pèpèroni
Pommes de terre	*le patate*	patatè
Porc	*il maiale*	maïalè
Portion	*la porzione*	portsionè
Potage	*la minestra*	minèstra
Poulet	*il pollo*	pollo

Riz	*il riso*	riso
Rôti	*l'arrosto*	arrosto
Saignant	*al sangue*	all sanngouè
Salade	*l'insalata*	innsalata
Sauce	*il sugo*	sougo
Sel	*il sale*	salè
– (sans)	*senza sale*	sènntsa salè
Serviette	*il tovagliolo*	tovalyolo
Steak	*la bistecca*	bistècca
– haché	*l'hamburgher, carne macinata*	ambourguèr, carnè matchinnata
Sucre	*lo zucchero*	dzoukkèro
Sucré	*zuccherato*	dzoukkèrato
Tarte	*la torta*	torta
Tasse	*la tazza*	tadza
Tendre	*tenero*	tènèro
Thé	*té*	tè
Tomates	*i pomodori*	pomodori
Tranche	*la fetta*	fètta
Veau	*il vitello*	vitèllo
Verre	*il bicchiere*	bikkièrè
Viande	*la carne*	carnè
Vin	*il vino*	vino
– blanc	*bianco*	biannco
– rouge	*rosso*	rosso
– rosé	*rosato*	rosato
Vinaigre	*l'aceto*	atchèto
Volaille	*il pollame*	pollamè

Achats

Les phrases indispensables

Je voudrais **acheter**...

> **Vorrei comprare...**
> vorréï commprarè...

Pouvez-vous m'**aider** ?

> **Può aiutarmi ?**
> pouo aioutarmi ?

En **avez-vous** d'autres... moins chers... plus grands...
plus petits... ?

> **Ne ha altri... meno cari... più grandi... più piccoli... ?**
> né a altri... méno cari... piou granndi... piou
> piccoli... ?

Acceptez-vous les **cartes de crédit** ?

> **Accetta le carte di credito ?**
> atchétta le carté di crédito ?

Où est le **centre commercial** ?... le marché ?

> **Dov'è il centro commerciale... il mercato ?**
> dov'é il tchénntro commértchalè... il mércato ?

Au coin de la rue.

> **All'angolo della strada.**
> all'anngolo délla strada.

Première rue à droite.

> **Prima strada a destra.**
> prima strada a déstra.

Deuxième à gauche

> **Seconda a sinistra**
> séconnda a sinistra.

Tout près d'ici.

Qui vicino.
coui vitchino.

C'est loin.

È lontano.
è lonntano.

Pouvez-vous me donner le **certificat d'origine** ?

Può darmi il certificato d'origine ?
pouo darmi il tchèrtificato d'oridjinè ?

Cela me **convient**.

Mi va bene.
mi va bènè.

J'aimerais une **couleur** moins... plus foncée... claire.

Vorrei un colore meno... più scuro... chiaro.
vorrèï oun colore mèno... piou skouro... kiaro.

Combien cela **coûte**-t-il ?

Quanto costa ?
couannto costa ?

Quels sont les **droits de douane** à payer ?

Quali sono i diritti di dogana da pagare ?
couali sono i diritti di dogana da pagarè ?

Puis-je **essayer... échanger** ?

Posso provare... cambiare ?
posso provarè... cammbiarè ?

À quelle heure **fermez-vous** ?

A che ora chiude ?
a kè ora kioudè ?

J'**hésite** encore.

> **Esito ancora.**
> ésito ancora.

Pouvez-vous faire **livrer** ce paquet à l'hôtel ?

> **Può far consegnare questo**
> **pacchetto all'hotel ?**
> pouo far consényaré couésto pakkétto
> all'hotél ?

Avez-vous de la **monnaie** ?

> **Ha moneta ?**
> a monéta ?

Pouvez-vous me **montrer**... ?

> **Può mostrarmi... ?**
> pouo mostrarmi... ?

Où dois-je **payer** ?... À la caisse.

> **Dove devo pagare ?... Alla cassa.**
> dové dévo pagaré ? Alla cassa.

Celui-ci me **plairait** davantage.

> **Questo mi piacerebbe di più.**
> couésto mi piatchérébbé di piou.

Écrivez-moi le **prix**, s'il vous plaît.

> **Mi scriva il prezzo, per favore.**
> mi scriva il prétso, pér favoré.

Puis-je **regarder**, s'il vous plaît ?

> **Posso guardare, per favore ?**
> posso gouardaré pér favoré ?

Pouvez-vous me **rembourser** ?

> **Può rimborsarmi ?**
> pouo rimmborsarmi ?

Je **repasserai** dans la journée... demain.

> **Ripasserò in giornata... domani.**
> ripasséro inn djornata... domani.

Ceci fait-il partie des **soldes** ?

> **Questo fa parte dei saldi ?**
> couèsto fa partè dèi saldi ?

Acceptez-vous les **Traveller chèques** ?

> **Accetta i Traveller chèques ?**
> atchètta i traveller chèque ?

Cela me **va** bien.

> **Mi va bene.**
> mi va bènè.

Merci, au revoir !

> **Grazie, arrivederci !**
> gratsiè, arrivèdèrtchi !

Appareils électriques • hi-fi

> *elettrodomestici • hi-fi*
> èlèttrodomèstitchi • hi-fi

Un **adaptateur** est-il nécessaire ?

> **È necessario un adattatore ?**
> è nètchèssario oun adattatorè ?

Cet **appareil** est déréglé.

> **Questo apparecchio non funziona.**
> couèsto apparèkkio nonn founntsiona.

Pouvez-vous me donner le **certificat de garantie** ?

> **Può darmi il certificato di garanzia ?**
> pouo darmi il tchèrtificato di garanntsia ?

Quels sont les **droits de douane** à payer ?

> **Quali sono i diritti di dogana da pagare ?**

136

couali sono i diritti di dogana da pagaré ?

Le **fusible** a sauté.

È saltato il fusibile.
è saltato il fousibilè.

Avez-vous ce type de **piles** ?

Ha questo tipo di pile ?
a couèsto tipo di pilè ?

Ma **radio** est en panne.

La mia radio non funziona.
la mia radio nonn founntsiona.

Pouvez-vous le (ou la) **réparer** ?

Può ripararlo (ripararla) ?
pouo ripararlo (ripararla) ?

Quand pourrais-je le (ou la) **reprendre** ?

Quando potrò riprenderlo (riprenderla) ?
couanndo potro riprènndèrlo (riprènndèrla) ?

Vocabulaire		
Adaptateur	*l'adattatore*	adattatorè
Ampérage	*l'amperaggio*	ammpéradjo
Amplificateur	*l'amplificatore*	ammplificatorè
Ampoule	*la lampadina*	lammpadina
Antenne	*l'antenna*	anntènna
Bande magnétique	*la banda magnetica*	bannda manyètica
Bouilloire	*il bollitore*	bollitorè
Brancher	*innestare*	innèstarè
Bruit	*il rumore*	roumorè
Câble	*il cavo*	cavo
Cafetière	*la caffettiera*	caffèttièra
Calculatrice	*la calcolatrice*	calcolatritchè
Cassette	*la cassetta*	cassètta
– vierge	*– vergine*	– verdjinè
Courant	*la corrente*	corrènntè

Dévisser	*svitare*	svitarè
Disque compact	*il compact disc*	compact disk
Écouteur	*la cuffia*	couffia
Fer à repasser	*il ferro da stiro*	fèrro da stiro
Fréquence	*la frequenza*	frècouènntsa
Garantie	*la garanzia*	garanntsia
Grille-pain	*il tostapane*	tostapanè
Haut-parleur	*l'altoparlante*	altoparlanntè
Interrupteur	*l'interruttore*	intèrrouttorè
Lampe	*la lampada*	lammpada
Magnétophone	*il magnetofono*	manyètofono
Magnétoscope	*il videoregistratore*	vidèorèdjistratorè
Pile	*la pila*	pila
Portatif	*portabile*	portabilè
Prise double	*la spina multipla*	spina moultipla
– simple	*la spina*	spina
Raccord	*il raccordo*	raccordo
Radio	*la radio*	radio
Rallonge	*la prolunga*	prolounnga
Rasoir	*il rasoio*	rasoïo
Réparation	*la riparazione*	riparatsionè
Réparer	*riparare*	ripararè
Résistance	*la resistenza*	rèsistènntsa
Réveil	*la sveglia*	svèlya
Sèche-cheveux	*l'asciugacapelli*	achougacapèlli
Tête de lecture	*la puntina*	pountina
Touche	*il tasto*	tasto
Transformateur	*il trasformatore*	trasformatorè
Visser	*avvitare*	avvitarè
Voltage 110	*il voltaggio centodieci*	voltadjo tchèntodiètchi
– 220	*– duecentoventi*	– duètchèntovènnti

Banque

> *banca*
> bannca

Où est la **banque** la plus proche ?

> **Dov'è la banca più vicina ?**
> dov'é la bannca piou vitchina ?

J'ai une **carte de crédit**.

> **Ho una carta di credito.**
> o ouna carta di crédito.

Y a-t-il un bureau de **change** près d'ici ?

> **C'è un ufficio cambio qui vicino ?**
> tchè oun ouffitcho cammbio coui
> vitchino ?

Je voudrais **changer** des francs suisses.

> **Vorrei cambiare dei franchi svizzeri.**
> vorréï cammbiaré déi frannki svitséri.

Je voudrais encaisser ce **chèque de voyage**.

> **Vorrei incassare questo Traveller
> chèque.**
> vorréï inncassarré couésto traveller
> chèque.

Quel est le **cours du change** ?

> **Qual'è il corso del cambio ?**
> coualé il corso dél cammbio ?

Où dois-je **signer** ?

> **Dove devo firmare ?**
> dové dèvo firmaré ?

J'attends un **virement**. Est-il arrivé ?

> **Aspetto un mandato (bancogiro).
> È arrivato ?**
> aspètto oun manndato (banncodjiro).
> è arrivato ?

Vocabulaire		
Argent	*il denaro*	dénaro
Billet	*il biglietto*	bilyètto
CAISSE	*CASSA*	cassa
Carnet de chèques	*il libretto di assegni*	librètto di assèny
Carte de crédit	*la carta di credito*	carta di crédito
CHANGE	*CAMBIO*	cammbio
Changer	*cambiare*	cammbiarè
Chèque	*l'assegno*	assènyo
– de voyage	*il traveller*	traveller
Commission	*la commissione*	commissionè
Compte	*il conto*	connto
Cours	*il corso*	corso
Devise	*la valuta*	valouta
Distributeur	*lo sportello*	sportèllo
de billets	*automatico*	automatico
Encaisser	*incassare*	inncassarè
Espèces	*i contanti*	conntannti
Eurochèque	*eurochèque*	eurochèque
Formulaire	*il formulario*	formoulario
Guichet	*lo sportello*	sportèllo
Monnaie	*la moneta*	monèta
Montant	*l'importo*	immporto
Paiement	*il pagamento*	pagaménnto
Payer	*pagare*	pagarè
Reçu	*la ricevuta*	ritchèvouta
Retirer	*ritirare*	ritirarè
Signature	*la firma*	firma
Signer	*firmare*	firmarè
Versement	*il versamento*	vèrsaménnto
Virement	*il mandato,*	manndato,
	il bancogiro	banncodjiro

Bijouterie · horlogerie

gioielleria · orologeria
djoïèllèria · orolodjèria

Je voudrais voir le **bracelet** qui est en vitrine.

> **Vorrei vedere il braccialetto in vetrina.**
> vorrèï vèdèrè il bratchalètto inn vètrina.

Pouvez-vous me donner le **certificat d'origine** ?

> **Può darmi il certificato d'origine ?**
> pouo darmi il tchèrtificato d'oridjinè ?

Avez-vous un choix de **bagues** ?

> **Ha degli anelli ?**
> a dèly anèlli ?

Quels sont les **droits de douane** à payer ?

> **Quali sono i diritti di dogana da pagare ?**
> couali sono i diritti di dogana da pagarè ?

Auriez-vous un **modèle** plus simple ?

> **Ha un modello più semplice ?**
> a oun modèllo piou sèmmplitchè ?

Ma **montre** ne fonctionne plus.

> **Il mio orologio non funziona più.**
> il mio orolodjo non founntsiona piou.

Pouvez-vous **remplacer** le verre ?

> **Può cambiarmi il vetro ?**
> pouo cammbiarmi il vètro ?

Le **verre** est cassé.

> **Il vetro è rotto.**
> il vètro è rotto.

Vocabulaire		
Acier inoxydable	*l'acciaio inossidabile*	atchaïo inossidabilè
Aiguille	*la lancetta*	lanntchètta
Ambre	*l'ambra*	ammbra
Argent massif	*l'argento massiccio*	ardjènnto massitcho
– plaqué	*placcato argento*	placcato ardjènnto
Bague	*l'anello*	anèllo
Bijoux	*i gioielli*	djoïèlli
Boucle	*la fibbia*	fibbia
– d'oreille	*l'orecchino*	orèkkino
Boutons de manchette	*i polsini*	polssini
Bracelet-montre	*l'orologio da polso*	orolodjo da polso
Briquet	*l'accendino*	atchènndino
Broche	*la spilla*	spilla
Cadeau	*il regalo*	règalo
Carat	*il carato*	carato
Chaîne	*la catena*	catèna
Chaînette	*la catenina*	catènina
Chronomètre	*il cronometro*	cronomètro
Collier	*la collana*	collana
Couverts	*le posate*	posatè
Épingle de cravate	*la spilla da cravatta*	spilla da cravatta
Étanche (montre)	*subacquea*	soubacouèa
Ivoire	*l'avorio*	avorïo
Médaille	*la medaglia*	mèdalya
Montre	*l'orologio*	orolodjo
– automatique	*– automatico*	– aoutomatico
Or massif	*oro massiccio*	oro massitcho
– plaqué	*placcato oro*	placcato oro
Pendentif	*il pendente*	pènndènntè
Pierres précieuses	*le pietre preziose*	piètre prètsiosè
– semi-précieuses	*– dure*	– dourè
Pile	*le pile*	pilè
Ressort	*la molla*	molla
Réveil de voyage	*la sveglia da viaggio*	svèlya da viadjo
Verre (de montre)	*il vetro (da orologio)*	vètro da orolodjo

Boucherie • charcuterie

macelleria • salumeria
matchélléria • saloumèria

Moins cher... **moins** gros... **moins** gras.

Meno caro... meno grosso... meno grosso.
mèno caro... mèno grosso... mèno grasso.

Auriez-vous un autre **morceau** ?

Ha un altro pezzo ?
a oun altro pédzo ?

Vocabulaire		
Agneau (côte d')	*l'agnello (costoletta di)*	anyèllo (costolètta di)
Bœuf (côte de)	*il manzo (braciola di)*	manndzo (bratchola di)
– (rôti de)	*– (arrosto di)*	– (arrosto di)
– (steak)	*– (bistecca di)*	– (bistècca di)
– (steak haché)	*– (carne macinata)*	– (carnè matchinata)
Entrecôte	*la fracosta*	fracosta
Filet	*il filetto*	filètto
Foie	*il fegato*	fègato
Gibier	*la selvaggina*	sélvadjina
Gras	*il grasso*	grasso
Jambon	*il prosciutto*	prochoutto
Lard	*il lardo*	lardo
Maigre	*magro*	magro
Morceau	*il pezzo*	pètso
Mouton (épaule de)	*il montone (spalla di)*	monntonè (spalla di)
– (gigot de)	*– (cosciotto di)*	– (cochotto di)
Porc	*il maiale*	maïalè
Saucisse	*la salsiccia*	salssìtcha
Saucisson	*il salame*	salamè
Tendre	*tenero*	tènéro
Tranche	*la fetta*	fètta
Veau (escalope de)	*il vitello (scaloppa di)*	vitèllo (skaloppa di)

Volaille	il pollame	pollamè
canard	l'anatra	annatra
dinde	il tacchino	takkino
lapin	il coniglio	conilyo
poulet	il pollo	pollo
pintade	la faraona	faraona

Boulangerie · pâtisserie

panificio · pasticceria
panifitcho · pastitchèria

Vocabulaire		
Bien cuit	ben cotto	bènn cotto
Biscotte	la fetta biscottata	fètta biscottata
Croissant	il cornetto	cornètto
Farine	la farina	farina
Gâteau	il dolce	doltchè
Levure	il lievito	lièvito
Pain	il pane	panè
Pâte	la pasta	pasta
Peu cuit	poco cotto	poco cotto
Tarte	la torta	torta

Chaussures · cordonnier

scarpe · calzolaio
scarpè · caltsolaïo

Où puis-je trouver un **cordonnier** ?

Dove posso trovare un calzolaio ?
dovè posso trovarè oun caltsolaïo ?

Puis-je **essayer** ?

Posso provare ?
posso provarè ?

Ces chaussures sont **étroites**. Pouvez-vous les mettre sur la forme ?

Queste scarpe sono strette. Può allargarmele ?
couèstè scarpè sono strèttè. pouo allargarmélè ?

Avez-vous un **modèle** du même genre ?

Ha un modello dello stesso tipo ?
a oun modèllo dèllo stesso tipo ?

Quand seront-elles **prêtes** ?

Quando saranno pronte ?
couanndo saranno pronntè ?

Prenez-vous les **réparations** rapides ?

Fate riparazioni rapide ?
fatè riparatsioni rapidè ?

Vocabulaire		
Beige	*crema*	crèma
Blanc	*bianco*	biannco
Bottes	*i stivali*	stivali
Brun	*bruno*	brouno
Caoutchouc	*la gomma*	gomma
Chausse-pieds	*il corno per calzature*	corno pèr caltsatourè
Cirage	*il lucido da scarpe*	loutchido da scarpè
Clouer	*inchiodare*	innkiodarè
Coller	*incollare*	inncollarè
Cordonnier	*il calzolaio*	caltsolaïo
Court	*corto*	corto
Cuir véritable	*il vero cuoio*	vèro couoïo
Daim	*il camoscio*	camochio
Embauchoirs	*il gambale*	gammbalè
Étroit	*stretto*	strètto
Grand	*grande*	granndè
Lacet	*laccio*	latcho
Large	*largo*	largo
Noir	*nero*	nèro
Paire	*il paio*	païo

Petit	*piccolo*	piccolo
Pointure	*il numero*	noumèro
Recoudre	*ricucire*	ricoutchirè
Ressemelage	*risuolare*	rissouolarè
Rouge	*rosso*	rosso
Sandales	*i sandali*	sanndali
Semelles	*le suole*	souolè
Talon	*il tacco*	tacco
Tissu	*il tessuto*	tessouto
Toile	*la tela*	tèla
Vernis	*la vernice*	vèrnitchè
Vert	*verde*	vèrdè

Coiffeur

parrucchiere
parroukièrè

Pouvez-vous m'indiquer un coiffeur ?

Può indicarmi un parrucchiere ?
pouo inndicarmi oun parroukièrè ?

Faites-moi des **boucles**... des ondulations.

Mi faccia dei ricci... delle ondulazioni.
mi fatcha dèi ritchi... dèlle onndoulatsioni.

Je voudrais une **coloration** en brun... châtain... noir... roux... une teinture au henné... une décoloration.

Vorrei tingere i capelli in bruno... castano... nero... rosso... una tintura all'henné... schiarire i capelli.
vorrèï tinndjère i capèlli inn brouno... castano... nèro... rosso... ouna tinntoura all'hènnè... skiarirè i capèlli.

Combien vous dois-je ?

> **Quanto le devo ?**
> couannto lé dévo ?

Ne **coupez** pas trop **court**.

> **Non tagli troppo corto.**
> non taly troppo corto.

L'**eau** est trop froide… trop chaude.

> **L'acqua è troppo fredda… troppo calda.**
> l'acoua é troppo frédda… troppo calda.

Avez-vous une **manucure** ?

> **Ha una manicure ?**
> a ouna manicouré ?

Je **ne veux pas** de gel… ni de laque.

> **Non voglio gel… e neanche lacca.**
> non volyo djél… é néannké lacca.

Quel est le **prix** d'une coupe… d'une mise en plis… d'une permanente ?

> **Quant'è per un taglio… una messa in piega… una permanente ?**
> couannté pér oun talyo… ouna méssa inn piéga… ouna pérmanénnté ?

Je voudrais me faire **raser**.

> **Vorrei farmi radere.**
> vorréï farmi radéré.

Je voudrais un **rendez-vous**.

> **Vorrei un appuntamento.**
> vorréï oun appounntaménnto.

Faites-moi un **shampooing**… un brushing.

> **Mi faccia uno shampo… un brushing.**
> mi fatcha ouno chammpo… oun brouchinng.

Vocabulaire

Blond	*biondo*	bionndo
Boucles	*i ricci*	ritchi
Brosse	*la spazzola*	spatsola
Brun	*bruno*	brouno
Brushing	*brushing*	brouchinng
Casque	*il casco*	casco
Châtain	*castano*	castano
Cheveux	*i capelli*	capèlli
– gras	*– grassi*	– grassi
– raides	*– dritti*	– dritti
– secs	*– secchi*	– sèkki
Chignon	*lo chignon*	chignon
Ciseaux	*le forbici*	forbitchi
Clair	*chiaro*	kiaro
Coupe	*il taglio*	talyo
Couper	*tagliare*	talyarè
Court	*corto*	corto
Derrière	*dietro*	diètro
Devant	*davanti*	davannti
Foncé	*scuro*	skouro
Frange	*la frangia*	franndja
Friction	*la frizione*	fritsionè
Laque	*la lacca*	lacca
Long	*lungo*	lounngo
Manucure	*la manicure*	manicourè
Mèche	*la ciocca*	tchocca
Mise en plis	*la messa in piega*	mèssa inn pièga
Nacré	*madreperlato*	madrèpèrlato
Nuance	*la sfumatura*	sfoumatoura
Nuque	*la nuca*	nouca
Ondulations	*le ondulazioni*	onndoulatsioni
Oreilles	*gli orecchi*	orèki
Pédicure	*il pedicure*	pèdicourè
Peigne	*il pettine*	pèttinè
Permanente	*la permanente*	pèrmanènntè
Perruque	*la parrucca*	parroucca
Poil	*il pelo*	pèlo
Raie	*la riga*	riga
Raser	*radere*	radèrè

Rasoir	*il rasoio*	rasoïo
Retouche	*il ritocco*	ritocco
Savon	*il sapone*	saponè
Séchoir	*l'asciugacapelli*	achougacapèlli
Shampooing	*lo shampo*	chammpo
Teinture	*la tinta*	tinnta

Crémerie

latteria
lattèria

Vocabulaire		
Beurre	*il burro*	bourro
Bouteille	*la bottiglia*	bottilya
Crème	*la panna*	panna
Frais	*fresco*	frèsco
Fromage	*il formaggio*	formadjo
– blanc	*la ricotta*	ricotta
– français	*il formaggio francese*	formadjo franntchèsè
– local	*– locale*	– localè
Lait	*il latte*	lattè
– écrémé	*– scremato*	– scrèmato
– entier	*– intero*	– intèro
– pasteurisé	*– pastorizzato*	– pastoridzato
Litre de...	*il litro di...*	litro di...
Œufs	*le uova*	ouova
– (douzaine d')	*dozzina di uova*	dodzina di ouova
Yoghourt	*lo yogurt*	yogourt

Épicerie · boissons

alimentari) · bibite
alimènntari · bibitè

Vocabulaire		
Apéritif	*l'aperitivo*	apèritivo
Biscotte	*la fetta biscottata*	fètta biscottata
Boîte de carottes	*le carote in scatola*	carotè inn scatola
– de haricots verts	*i fagiolini in scatola*	fadjolini inn scatola
– de petits pois	*i piselli in scatola*	pisèlli inn scatola
Bouchon	*il tappo*	tappo
Bouteille	*la bottiglia*	bottilya
Café	*il caffé*	caffè
Carton (emballage)	*il cartone*	cartonè
Chocolat	*il cioccolato*	tchoccolato
– en poudre	*– in polvere*	– inn polvèrè
– en tablette	*la tavoletta di cioccolato*	tavolètta di tchoccolato
Confiture	*la marmellata*	marmèllata
Eau minérale	*l'acqua minerale*	acoua minèralè
– gazeuse	*– gasata*	– gasata
– plate	*– liscia*	– licha
Épices	*le spezie*	spètsiè
Huile	*l'olio*	olio
Jus de fruits	*il succo di frutta*	soucco di froutta
Lait	*il latte*	lattè
– en boîte	*– in scatola*	– inn scatola
– en poudre	*– in polvere*	– inn polvèrè
Limonade	*la gazzosa*	gadzosa
Miel	*il miele*	mièlè
Moutarde	*la senape*	sènapè
Pâtes	*la pasta*	pasta
Poivre	*il pepe*	pèpè
Potage	*la minestra*	minèstra
Riz	*il riso*	riso
Sac	*la borsa*	borsa
Sachet	*il sacchetto*	sakkètto
Sel	*il sale*	salè

Sucre en morceaux	le zollette di zucchero	dzollèttè di dzoukèro
– poudre	lo zucchero	dzoukèro
Thé	il tè	tè
Vin blanc	il vino bianco	vino biannco
– rosé	– rosato	– rosato
– rouge	– rosso	– rosso
Vinaigre	l'aceto	atchèto

Fleuriste

fiorista
fiorista

Où puis-je trouver un fleuriste ?
Dove posso trovare un fiorista ?
dovè posso trovarè oun fiorista ?

Faites-moi un **bouquet** de fleurs de saison.
Mi faccia un mazzo di fiori di stagione.
mi fatcha oun madzo di fiori di stadjonè.

Pouvez-vous les **envoyer** à l'adresse suivante ?
Può mandarli a questo indirizzo ?
pouo manndarli a couèsto inndiritso ?

Avez-vous des **fleurs** meilleur marché ?
Ha dei fiori meno cari ?
a dèï fiori mèno cari ?

Raccourcissez les tiges, s'il vous plaît.
Accorci i gambi, per favore.
accortchi i gammbi, pèr favorè.

Vocabulaire

Bouquet	*il mazzo*	madzo
Corbeille de fleurs	*il cesto di fiori*	tchèsto di fiori
Demi-douzaine	*la mezza dozzina*	mèdza dodzina
Douzaine	*la dozzina*	dodzina
Feuillage	*il fogliame*	folyamè
Feuille	*la foglia*	folya
Fleur	*il fiore*	fiorè
Gerbe	*il fascio*	facho
Mélange de fleurs	*i fiori misti*	fiori misti
Plante verte	*la pianta verde*	piannta vèrdè
Quelques fleurs	*qualche fiore*	coualkè fiorè
Tige	*il gambo*	gammbo
Vase	*il vaso*	vaso

Fruits et légumes

frutta e verdura
froutta è vèrdoura

Je **voudrais** 100 grammes... 1/2 kilo... 1 kilo... de...

Vorrei cento grammi... mezzo chilo... un chilo... di...
vorrèï tchènnto grammi... mèdzo kilo... oun kilo... di...

Vocabulaire

Abricots	*le albicocche*	albicokkè
Ail	*l'aglio*	alyo
Artichauts	*i carciofi*	cartchofi
Asperges	*gli asparagi*	asparadji
Aubergines	*le melanzane*	mèlanntsanè
Banane	*la banana*	banana
Basilic	*il basilico*	basilico
Betterave	*la barbabietola*	barbabiètola
Botte de...	*il mazzo di...*	madzo di...
Broccoli	*i broccoli*	broccoli
Carottes	*le carote*	carotè
Cerise	*la ciliegia*	tchilièdja

Champignons	*i funghi*	founngui
Chicorée	*la cicoria*	tchicoria
Chou	*il cavolo*	cavolo
– fleur	*il cavolfiore*	cavolfiorè
– de Bruxelles	*il cavoletto di Bruxelles*	cavolètto di brouxèl
Citron	*il limone*	limonè
Concombre	*il cetriolo*	tchètriolo
Courgettes	*le zucchine*	dzoukinè
Endives	*l'indivia*	inndivia
Épinards	*gli spinaci*	spinatchi
Figues	*i fichi*	fiki
Fines herbes	*le erbe aromatiche*	èrbè aromatikè
Frais	*fresco*	frèsco
Fraises	*le fragole*	fragolè
Framboises	*i lamponi*	lammponi
Groseilles	*il ribes*	ribès
Haricots en grains	*i fagioli*	fadjoli
– verts	*i fagiolini*	fadjolini
Laitue	*la lattuga*	lattouga
Lentilles	*le lenticchie*	lènntikkiè
Mandarines	*i mandarini*	manndarini
Melon	*il melone*	mèlonè
Mirabelles	*le susine*	sousinè
Mûr	*maturo*	matouro
Mûres	*le more*	morè
Myrtilles	*i mirtilli*	mirtilli
Navets	*le rape*	rapè
Noix	*le noci*	notchi
Oignons	*le cipolle*	tchipollè
Oranges	*le arance*	aranntchè
Pamplemousses	*i pompelmi*	pommpèlmi
Pêche	*la pesca*	pèsca
Persil	*il prezzemolo*	prèdzèmolo
Petits pois	*i piselli*	pisèlli
Poireaux	*i porri*	porri
Pois chiches	*i ceci*	tchètchi
Poivrons	*i peperoni*	pèpèroni
Pommes	*le mele*	mèlè
Pommes de terre	*le patate*	patatè
Prunes	*le prugne*	prounyè

Radis	*i ravanelli*	ravan**e**lli
Raisins	*l'uva*	**ou**va
Salade	*l'insalata*	innsalata
Tomates	*i pomodori*	pomod**o**ri

Habillement

abbigliamento
abbilyam**e**nnto

Où peut-on trouver un magasin de prêt-à-porter ?
> **Dove posso trovare un negozio di abbigliamento ?**
> dov**e** p**o**sso trovar**e** oun n**e**g**o**tsio di abbilyam**e**nnto ?

Je voudrais un **costume** coupé suivant ce modèle... dans ce tissu.
> **Vorrei un abito dello stesso modello...**
> **in questo tessuto.**
> vorr**ë**ï oun abito d**e**llo st**e**sso mod**e**llo... inn cou**e**sto t**e**ss**ou**to.

Donnez de l'aisance aux **emmanchures**.
> **Vorrei il giro delle maniche un pò più largo.**
> vorr**ë**ï il djiro d**e**ll**e** manik**e** oun p**o** pi**ou** largo.

Puis-je **essayer... échanger ?**
> **Posso provare... cambiare ?**
> p**o**sso provar**e**... cammbiar**e** ?

Cette chemise est **étroite**.
> **Questa camicia è stretta.**
> cou**e**sta camitcha è str**e**tta.

Prenez mes **mesures**, s'il vous plaît.

> **Prenda le mie misure, per favore.**
> prènnda lé mié misourè, pèr favorè.

Quel type de **nettoyage** conseillez-vous ?

> **Che tipo di lavaggio mi consiglia ?**
> kè tipo di lavadjo mi connsilya ?

Plus grand... **plus** petit...

> **Più grande... più piccolo...**
> piou granndè... piou piccolo...

Il faudrait **raccourcir** les manches.

> **Bisognerebbe accorciare le maniche.**
> bisonyérèbbè accortcharè lé manikè.

Ce pantalon ne **tombe** pas bien.

> **Questi pantaloni non cascano bene.**
> couèsti panntaloni nonn cascano bènè.

Vocabulaire		
Anorak	*la giacca a vento*	djacca a vènnto
Bas	*le calze*	caltsè
Beige	*crema*	crèma
Bermuda	*le bermuda*	bermouda
Blanc	*bianco*	biannco
Bleu ciel	*celeste*	tchélèstè
– marine	*blu marino*	blou marino
Blouson	*il giaccone*	djacconè
Bonnet	*il berretto*	bèrrètto
Bouton	*il bottone*	bottonè
Bretelles	*le bretelle*	brètèllè
Caleçon	*i calzoncini*	caldzontchini
Casquette	*il berretto a visiera*	bèrrètto a visièra
Ceinture	*la cintura*	la tchinntoura
Centimètres	*i centimetri*	tchènntimètri
Chapeau	*il cappello*	cappèllo
Chaussettes	*i calzetti*	i caltsètti
Chemise	*la camicia*	camitcha

Chemisier	*la blusa*	blousa
Clair	*chiaro*	kiaro
Col	*il collo*	collo
Collant	*il collant*	collannt
Complet	*il completo*	commplèto
Coton	*il cotone*	cotonè
Couleur	*il colore*	colorè
Couper	*tagliare*	talyarè
Court	*corto*	corto
Cravate	*la cravatta*	cravatta
Cuir	*il cuoio*	couoïo
– (manteau de)	*il soprabito di pelle*	soprabito di pèllè
Culotte	*le mutande*	moutanndè
Doublure	*la fodera*	fodèra
Écharpe	*la sciarpa*	charpa
Emmanchures	*il giro-manica*	djiro manica
Épingle	*lo spillo*	spillo
– de sûreté	*la spilla da balia*	spilla da balia
Essayer	*provare*	provarè
Étroit	*stretto*	strètto
Fabrication locale	*fabbricazione locale*	fabbricatsionè localè
Facile à entretenir	*di facile manutenzione*	di fatchilè manoutènntsionè
Fait à la main	*fatto a mano*	fatto a mano
Fermeture à glissière	*la cerniera lampo*	tchèrnièra lammpo
Feutre	*il feltro*	fèltro
Fil	*il filo*	filo
– à coudre	*– per cucire*	pèr coutchirè
Foncé	*scuro*	scouro
Foulard	*il foulard*	foulard
Gant	*il guanto*	gouannto
Garanti	*garantito*	garanntito
Grand	*grande*	granndè
Grand teint	*colori resistenti*	colori rèsistènnti
Gris	*grigio*	gridjo
Habit	*l'abito*	abito
Imperméable	*l'impermeabile*	immpèrmèabilè
Jaune	*giallo*	djallo
Jupe	*la gonna*	gonna
Laine	*la lana*	lana

Lavable en machine	*lavabile in lavatrice*	lavabilè inn lavatritchè
Lavage à la main	*lavaggio a mano*	lavadjo a mano
Léger	*leggero*	lèdjèro
Lingerie	*la biancheria*	biannkèria
Long	*lungo*	lounngo
Lourd	*pesante*	pèsanntè
Maillot de bain	*il costume da bagno*	costoumè da banyo
– de corps	*la maglietta*	malyètta
Manche	*la manica*	manica
Manteau	*il cappotto*	cappotto
Marron	*marrone*	marronè
Mode (à la)	*moda (alla)*	moda
Mouchoir	*il fazzoletto*	fadzolètto
Nettoyer	*pulire*	poulirè
Noir	*nero*	nèro
Pantalon	*i pantaloni*	panntaloni
Parapluie	*l'ombrello*	ommbréllo
Poche	*la tasca*	tasca
Prêt-à-porter	*prêt-à-porter*	prêt-a-portè
Pull-over	*il pullover*	poullovèr
Qualité	*la qualità*	coualita
Rayé	*a righe*	a riguè
Repassage	*stirare*	stirarè
Rétrécir	*restringere*	rèstrinndjèrè
Robe	*il vestito*	vèstito
Rose	*rosa*	rosa
Rouge	*rosso*	rosso
Short	*i pantaloncini corti*	panntalonntchini corti
Slip	*gli slip*	slip
Soie	*la seta*	sèta
Sous-vêtements	*gli indumenti intimi*	ly inndoumènnti inntimi
Soutien-gorge	*il reggiseno*	rèdjisèno
Survêtement	*la tuta*	touta
Taille	*la taglia*	talya
Tailleur	*il sarto*	sarto
Teinte	*la tinta*	tinnta
Tissu à carreaux	*il tessuto a quadri*	tèssouto a couadri
– imprimé	*– stampato*	– stammpato

– à pois	*– a pois*	– a poi
– à rayures	*– a righe*	– a riguè
– uni	*– unito*	– ounito
Toile	*la tela*	tèla
Velours	*il velluto*	vèllouto
Vert	*verde*	vèrdè
Veste	*la giacca*	djacca
Vêtements	*gli abiti*	abiti

Opticien

ottico
ottico

S'il vous plaît, pouvez-vous m'indiquer un opticien ?

Per favore, può indicarmi un ottico ?
pèr favorè, pouo inndicarmi oun ottico ?

J'ai perdu mes lentilles de contact.

Ho perso le lenti a contatto.
o pèrso le lènnti a conntatto.

J'ai cassé mes lunettes. Pouvez-vous les remplacer avec ou sans ordonnance ?

Ho rotto gli occhiali. Può sostituirli con o senza prescrizione ?
o rotto ly okyiali. Pouo sostituirli conn o sènndza prèscritsionè ?

Je voudrais des lunettes de soleil… anti-reflets.

Vorrei degli occhiali da sole… anti-riflesso.
vorrèï dèly okkiali da solè… annti-riflèsso.

Pouvez-vous **remplacer** les verres ?... les branches ?

> **Può sostituirmi le lenti ?...**
> **le stanghette ?**
> pouo sostituirmi lè lènnti...
> lé stannguéttè ?

Quand pourrais-je les **reprendre** ?

> **Quando potrò riprenderli ?**
> couanndo potro riprènndèrli ?

Je porte des **verres** teintés.

> **Le lenti dei miei occhiali sono**
> **colorate.**
> le lènnti dèi mièi okkiali sono coloratè.

Vocabulaire		
Astigmate	*astigmatico*	astigmatico
Branche	*la stanghetta*	stannguètta
Étui	*l'astuccio*	astoutcho
Hypermétrope	*ipermetrope*	ipermétropè
Jumelles	*il cannocchiale*	cannokkialè
Lentille de contact	*la lente a contatto*	lènntè a conntatto
Liquide pour lentilles de contact	*liquido per lenti a contatto*	licouido pèr lènnti a conntatto
Longue-vue	*il binocolo*	binocolo
Loupe	*la lente d'ingrandimento*	lènntè d'inngranndi-mènnto
Lunettes	*gli occhiali*	okkiali
– de soleil	*– da sole*	– da solè
Myope	*miope*	miopè
Presbyte	*presbite*	prèsbitè
Verre	*la lente*	lènntè
– teinté	*– colorata*	– colorata
Vis	*la vite*	vitè

Papeterie • librairie

cartoleria • libreria
cartolèria • librèria

Où puis-je trouver une papeterie... une librairie ?

Dove posso trovare una cartoleria... una libreria ?
dovè posso trovarè ouna cartolèria... ouna librèria ?

Existe-t-il une histoire de la région en français ?

Esiste una storia della regione in francese ?
èsistè ouna storia dèlla règione inn franntchèsè ?

Recevez-vous les journaux français ?

Ricevete i giornali francesi ?
ritchévètè i djornali franntchèsi ?

Faites-vous des photocopies ?

Fate delle fotocopie ?
fatè dèllè fotocopiè ?

Pouvez-vous me procurer la traduction française de cet ouvrage ?

Può procurarmi la traduzione francese di questo libro ?
pouo procourarmi la tradoutsionè franntchèsè di couèsto libro ?

Vocabulaire		
Agenda	*l'agenda*	adjènnda
Agrafe	*la graffetta*	graffètta
Agrafeuse	*l'aggraffatrice*	aggraffatritchè
Bloc-notes	*il bloc notes*	blok notè
Boîte de peinture	*la scatola di colori*	scatola di colori
Bouteille d'encre	*la bottiglia d'inchiostro*	bottilya d'innkiostro

Brochure	*il fascicolo*	fachicolo
Cahier	*il quaderno*	couadèrno
Calculatrice	*la calcolatrice*	calcolatritchè
Calendrier	*il calendario*	calènndario
Carnet	*il taccuino*	taccouino
– d'adresses	*la rubrica*	roubrica
Carte géographique	*la carta geografica*	carta djèografica
– routière	*– stradale*	– stradalè
– touristique	*– turistica*	– touristica
Cartes à jouer	*le carte da gioco*	cartè da djoco
– postales	*le cartoline*	cartolinè
– de vœux	*– d'augurio*	– d'aougourio
Cartouche (stylo)	*le cartucce di ricambio*	cartoutchè di ricammbio
Ciseaux	*le forbici*	forbitchi
Colle	*la colla*	colla
Crayon noir	*la matita nera*	matita nèra
Crayons de couleurs	*le matite colorate*	matitè coloratè
Dictionnaire de poche	*il dizionario tascabile*	ditsionario tascabilè
Édition	*l'edizione*	èditsionè
Élastiques	*gli elastici*	èlastitchi
Encre	*l'inchiostro*	innkiostro
Enveloppe	*la busta*	bousta
Étiquettes	*le etichette*	ètiquèttè
– adhésives	*– adesive*	– adèsivè
Exemplaire	*l'esemplare*	èsèmmplarè
Feuille	*il foglio*	folyo
Ficelle	*lo spago*	spago
Format	*il formato*	formato
Grammaire	*la grammatica*	grammatica
Guide touristique	*la guida turistica*	gouida touristica
– en français	*– in francese*	– inn franntchèsè
Hebdomadaire	*il settimanale*	sèttimanalè
Journal	*il giornale*	djornalè
– français	*– francese*	– franntchèsè
– local	*– locale*	– localè
Livre d'art	*il libro d'arte*	libro d'artè
– de poche	*– tascabile*	– tascabilè
– pour enfants	*– per bambini*	– pèr bammbini
Magazine	*la rivista illustrata*	rivista illoustrata

Manuel de conversation	*il manuale di conversazione*	manoualè di connvèrsatsionè
Papier	*la carta*	carta
– cadeau	*– da regalo*	– da règalo
– collant	*– auotoadesiva*	– aoutoadèsiva
– d'emballage	*– per imballare*	– pèr immballarè
– à lettres	*– da lettere*	– da lèttèrè
Pile	*la pila*	pila
Pinceau	*il pennello*	pènnèllo
Plan de la ville	*la pianta della città*	piannta dèlla tchitta
Plume	*la penna*	pènna
Recharge	*il ricambio*	ricammbio
Règle	*la squadra*	scouadra
Revue	*la rivista*	rivista
Roman	*il romanzo*	romandzo
Stylo-bille	*la penna biro*	pènna biro
Stylo-feutre	*il pennarello*	pènnarèllo
Stylo-plume	*la penna stilografica*	pènna stilografica
Taille-crayon	*il temperino*	tèmmpérino

Parfumerie • hygiène

profumeria • igiene
profoumèria • idjiènè

S'il vous plaît, y a-t-il une parfumerie dans le quartier ?

Per favore, c'è una profumeria nel quartiere ?
pèr favorè, tchè ouna profoumèria nèl couartièrè ?

Je cherche une **brosse** plus souple.

Cerco una spazzola più morbida.
tchèrco ouna spadzola piou morbida.

Puis-je **essayer** ce vernis à ongles ?

Posso provare questo smalto ?
posso provarè couèsto smalto ?

J'aimerais un parfum plus **léger**... plus poivré.

> **Vorrei un profumo più leggero... più pepato.**
> vorrëï oun profoumo piou lédjèro... piou pèpato.

Pourrais-je **sentir** ce parfum ?

> **Potrei annusare questo profumo ?**
> potrëï annousarè couèsto profoumo ?

Vocabulaire		
Blaireau	*il pennello da barba*	pènnèllo da barba
Brosse à cheveux	*la spazzola per capelli*	spatsola pèr capèlli
– à dents	*lo spazzolino da denti*	spatsolino da dènnti
– à ongles	*– da unghie*	– da ounnguiè
Cheveux	*i capelli*	capèlli
– gras	*– grassi*	– grassi
– secs	*– secchi*	– sèkki
– avec pellicules	*– con la forfora*	– conn la forfora
Coton hydrophile	*il cotone idrofilo*	cotonè idrofilo
– -tiges	*i bastoncini per gli orecchi*	bastonntchini pèr ly orèkki
Crayons pour les yeux	*matite per gli occhi*	matitè pèr ly okki
Crème hydratante	*la crema idratante*	crèma idratanntè
– de jour	*– da giorno*	– da djorno
– de nuit	*– da notte*	– da nottè
– pour les mains	*– per le mani*	– pèr lè mani
– à raser	*– per radersi*	– pèr radèrsi
– solaire	*– solare*	– solarè
Démaquiller	*struccarsi*	strouccarsi
Dentifrice	*il dentifricio*	dènntifritcho
Déodorant	*il deodorante*	dèodoranntè
Dissolvant	*il solvente*	solvènntè
Eau de Cologne	*l'acqua di Colonia*	acoua di colonia
Épingle à cheveux	*la forcina da capelli*	fortchina da capèlli
– de sûreté	*la spilla da balia*	spilla da balia
Éponge	*la spugna*	spounya

Fard	il fard	fard
Flacon	il flacone	flaconè
Foncé	scuro	scouro
Fond de teint	il fondo tinta	fonndo tinnta
Gel	il gel	djèl
Huile solaire	l'olio solare	olio solarè
Incolore	incolore	inncolorè
Lait démaquillant	il latte per strucarsi	lattè pèr strouccarsi
Lames de rasoir	le lamette da barba	lamèttè da barba
Laque	la lacca	lacca
Lime à ongles	limetta da unghie	limètta da ounnguiè
Lotion	la lozione	lotsionè
Lourd	pesante	pèsanntè
Maquiller	truccarsi	trouccarsi
Masque	la maschera	maskèra
Mouchoirs en papier	i fazzoletti di carta	fadzolètti di carta
Mousse à raser	la crema da barba	crèma da barba
Papier hygiénique	la carta igienica	carta idjènica
Parfum	il profumo	profoumo
Peau	la pelle	pèllè
– grasse	– grassa	– grassa
– sèche	– secca	– sècca
Peigne	il pettine	pèttinè
Pierre ponce	la pietra pomice	piètra pomitchè
Pinceau	il pennello	pènnèllo
Pinces à épiler	la pinzetta per depilare	pinntsètta pèr dèpilarè
Pommade pour les lèvres	il burro cacao	bourro cacao
Poudre	la cipria	tchipria
Poudrier	la scatola di cipria	scatola di tchipria
Rasoir	il rasoio	rasoïo
Rouge à lèvres	il rossetto	rossètto
Savon	il sapone	saponè
Sec	asciutto ou secco	achoutto ou sècco
Serviette hygiénique	l'assorbente	assorbènntè
Shampooing	lo shampo	chammpo
Talc	il borotalco	borotalco
Tampon	l'assorbente interno	assorbènntè inntèrno
Teinte	la tinta	tinnta
Trousse de toilette	il beauty-case	biouti kèsè

Tube	*il tubo*	toubo
Vaporisation	*la vaporizzazione*	vaporidzatsioné
Vernis à ongles	*lo smalto*	smalto

Photographie

fotografia
fotografia

S'il vous plaît, pouvez-vous m'indiquer un magasin de photo ?

Per favore, può indicarmi
un negozio di fotografia ?
pèr favoré, pouo inndicarmi
oun négotsio di fotografia ?

Pouvez-vous me donner le **certificat d'origine** ?

Può darmi il certificato d'origine ?
pouo darmi il tchèrtificato d'oridjiné ?

En combien de temps pouvez-vous me **développer** ce film ?

In quanto tempo può svilupparmi
questo film ?
inn couannto tèmmpo pouo
svilouparmi couèsto film ?

Quels sont les **droits de douane** ?

Quali sono i diritti di dogana ?
couali sono i diritti di dogana ?

J'ai des **ennuis** avec...

Ho delle noie con...
o dèllè noïè conn...

La cellule ne **fonctionne** pas.

La fotocellula non funziona.
la fototchèlloula nonn founntsiona.

L'appareil est **tombé**.

> **La macchina fotografica mi è caduta.**
> la makkina fotografica mi è cadouta.

Vocabulaire		
Agrandissement	*l'ingrandimento*	inngranndimènnto
Ampoule-flash	*il flas*	flach
Appareil	*macchina fotografica*	makkina fotografica
Bague de réglage	*l'anello regolatore*	anèllo règolatorè
Bobine	*la bobina*	bobina
Boîtier	*la cassa*	cassa
Brillant	*brillante*	brillanntè
Capuchon	*il cappuccio*	cappoutcho
Cartouche	*la cartuccia*	cartoutcha
Cellule	*la cellula*	tchèlloula
Clair	*chiaro*	kiaro
Compteur	*il contatore*	conntatorè
Contrasté	*contrastato*	conntrastato
Déclencheur	*lo scatto*	scatto
Développement	*lo sviluppo*	svilouppo
Diaphragme	*il diaframma*	diaframma
Diapositive	*la diapositiva*	diapositiva
Dos de l'appareil	*il dietro della macchina*	diètro dèlla makkina
Épreuve	*il fotogramma*	fotogramma
Film noir et blanc	*la pellicola bianco e nero*	pèllicola biannco è nèro
– couleur pour papier	*– colore su carta*	– colorè sou carta
– couleur pour diapositives	*– colore per diapositive*	– colorè pèr diapo-sitivè
Filtre jaune	*il filtro giallo*	filtro djallo
– orange	*– arancio*	– aranntcho
– rouge	*– rosso*	– rosso
Format	*il formato*	formato
Glacé	*patinato*	patinato
Grain fin	*a grana fina*	grana fina
Identité (photo d')	*identità (foto d')*	idènntita
Lumière artificielle	*la luce artificiale*	loutchè artiftchalè

– du jour	– del giorno	– dèl djorno
Marges (avec)	con i margini	conn i mardjini
– (sans)	senza i margini	sènntza i mardjini
Mat	opaco	opaco
Négatif	il negativo	nègativo
Objectif	l'obiettivo	obièttivo
Obturateur	l'otturatore	ottouratorè
Papier	la carta	carta
Pied	il treppiede	trèppièdè
Pile	la pila	pila
Poses (20)	venti pose	vènnti posè
Poses (36)	trentasei pose	trènntasèï posè
Rapide	rapido	rapido
Rebobineur	il rimbobinatore	rimmbobinatorè
Recharger	ricaricare	ricaricarè
Réparation	la riparazione	riparatsionè
Sensible	sensibile	sènnsibilè
Sombre	oscuro	oscouro
Télémètre	il telemetro	télémétro
Tirage	la stampa	stammpa
Viseur	il mirino	mirino

Poissonnerie

pescheria
pèskèria

Vocabulaire		
Anchois	le acciughe	atchouguè
Anguille	l'anguilla	anngouilla
Bar	il branzino	branndzino
Brochet	il luccio	loutcho
Cabillaud	il merluzzo	mèrloudzo
Calmars	i calamari	calamari
Carpe	la carpa	carpa
Carrelet	il passerino	passèrino
Colin	il nasello	nasèllo
Congre	il grongo	gronngo
Coquillages	i frutti di mare	froutti di marè

Coquilles Saint-Jacques	*conchiglia di San Giacomo*	connkilya di sann djacomo
Crabes	*i granchi*	grannki
Crevettes	*i gamberetti*	gammbèrètti
Crustacés	*i crostacei*	crostatchéï
Daurade	*l'orata*	orata
Écrevisses	*i gamberi*	gammbèri
Filet	*il filetto*	filètto
Hareng	*l'aringa*	arinnga
Homard	*il gambero di mare*	gammbèro di marè
Huîtres	*le ostriche*	ostrikè
Langouste	*l'aragosta*	aragosta
Langoustines	*gli scampi*	scammpi
Maquereau	*lo sgombro*	sgommbro
Merlan	*il nasello*	nasèllo
Morue	*merluzzo*	mèrloudzo
Moules	*le cozze*	codzè
Perche	*il pesce persico*	pèchè pèrsico
Poisson	*pesce*	pèchè
Sardines	*le sardine*	sardinè
Saumon	*il salmone*	salmonè
Sole	*la sogliola*	solyola
Thon	*il tonno*	tonno
Tranche de...	*la fetta di...*	fètta di...
Truite	*la trota*	trota
Turbot	*il rombo*	rommbo

Poste • téléphone

posta • telefono
posta • tèlèfono

Où est le bureau de poste... la boîte aux lettres ?
Dov'è l'ufficio postale... la cassetta delle lettere ?
dov'è l'ouffitcho postalè... la cassètta dèllè lèttèrè ?

Quand **arrivera** cette lettre ?

> **Quando arriverà questa lettera ?**
> couanndo arrivéra couèsta léttèra ?

La **communication** a été coupée.

> **La comunicazione è stata interrotta.**
> la comounicatsioné è stata inntèrrotta.

Avez-vous du **courrier** pour moi ?

> **Ha posta per me ?**
> a posta pér mé ?

Combien cela **coûte**-t-il ?

> **Quanto costa ?**
> couannto costa ?

Je voudrais **envoyer** un télégramme… un fax.

> **Vorrei mandare un telegramma… un fax.**
> vorrèï manndarè oun télègramma… oun fax.

Dois-je remplir un **formulaire** ?

> **Devo riempire una scheda ?**
> dèvo rièmmpirè ouna skèda ?

Où est le **guichet** ?

> **Dov'è lo sportello ?**
> dov'è lo sportèllo ?

Quelles sont les **heures d'ouverture** de la poste ?

> **Quali sono le ore di apertura dell'ufficio postale ?**
> couali sono lè orè d'apèrtoura dèll'ouffitcho postalè ?

À quel guichet puis-je toucher un **mandat** ?

> **A quale sportello posso incassare un vaglia ?**

a coualé sportéllo posso incassaré oun valya ?

Pouvez-vous me faire de la **monnaie** ?

Ha da cambiare, per favore ?
a da cammbiaré, pér favoré ?

Je désire envoyer un **paquet** par avion...
en express... en recommandé.

**Desidero inviare un pacchetto
via aerea... in espresso...
in raccomandata.**
désidéro innviaré oun pakkétto
via aéréa... inn ésprèsso... inn
raccomanndata.

Allô ! je voudrais **parler** à...

Pronto ! vorrei parlare con...
pronnto ! vorréï parlaré conn...

La lettre **partira**-t-elle aujourd'hui ?

La lettera partirà oggi ?
la léttéra partira odji ?

Quel est le **tarif** par mot ?

Quanto costa a parola ?
couannto costa a parola ?

Où est le **téléphone** ?

Dov'è il telefono ?
dov'é il téléfono ?

À quel guichet vend-on des **timbres**... des timbres de
collection ?

**A che sportello vendono
dei francobolli... dei francobolli
da collezione.**
a ké sportéllo vénndono
déi franncobolli... déi franncobolli
da collétsioné ?

Vocabulaire		
Abonné	*l'abbonato*	abbonato
Adresse	*indirizzo*	inndiritso
Allô !	*pronto*	pronnto
Annuaire	*l'elenco*	èlènnco
Appareil	*l'apparecchio*	apparèkkio
Attendre	*aspettare*	aspèttarè
Boîte aux lettres	*la cassetta delle lettere*	cassètta dèllè lèttèrè
Carte postale	*la cartolina*	cartolina
Colis	*il pacco*	pacco
Communication	*la comunicazione*	comounicadzionè
Coupez pas (ne)	*non interrompa*	inntèrrommpa
Courrier	*la posta*	posta
Demander	*domandare*	dommandarè
Entendre	*sentire*	sènntirè
N'entends rien (je)	*non sento niente*	non sènnto niènntè
Expédier	*spedire*	spèdirè
Expéditeur	*il mittente*	mittènntè
Express	*l'espresso*	esprèsso
Facteur	*il postino*	postino
Faux numéro	*il numero sbagliato*	noumèro sbalyato
Formulaire	*il formulario*	formoulario
Guichet	*lo sportello*	sportèllo
INFORMATIONS	*INFORMAZIONI*	innformatsioni
Jeton	*il gettone*	djèttonè
Lettre	*la lettera*	lèttèra
Levée	*la levata*	lèvata
Ligne	*la linea*	linèa
Mandat	*il vaglia*	valya
Message	*il messaggio*	mèssadjo
Monnaie	*moneta*	monèta
Numéro	*il numero*	noumèro
Occupé	*occupato*	occoupato
Paquet	*pacchetto*	pakkètto
Par avion	*via aerea*	via aèrèa
P.C.V.	*la rovesciata*	rovèchata
Pièce (monnaie)	*la moneta*	monèta
Poste restante	*il fermo posta*	fèrmo posta
Rappeler	*richiamare*	rikiamarè
Recommandés	*le raccomandate*	raccomanndatè

Tarif	*la tariffa*	tariffa
Taxe	*la tassa*	tassa
Télégrammes	*il telegramma*	tèlègramma
Téléphone	*il telefono*	tèlèfono
– public	*– pubblico*	– poubblico
Timbres	*i francobolli*	franncobolli
– de collection	*– da collezione*	– da collètsionè
Unité	*unità*	ounita
Urgent	*urgente*	ourdjènntè
Urgent (très)	*molto urgente*	molto ourdgènntè
Valeur déclarée	*valore dichiarato*	valorè dikiarato

Souvenirs

souvenirs
souvènir

Où y-a-t-il une **boutique d'artisanat** ?

Dove posso trovare un negozio di artigianato ?
dovè posso trovarè oun nègotsio di artidjanato ?

Cet objet est-il **fait main** ?

Questo oggetto è fatto a mano ?
couèsto odjètto è fatto a mano ?

Quels sont les **objets typiques** de votre région ?

Quali sono gli oggetti tipici della vostra regione ?
couali sono ly odjètti tipitchi dèlla vostra rèdjonè ?

Peut-on **visiter l'atelier** ?

Si può visitare il laboratorio ?
si pouo visitarè il laboratorio ?

Vocabulaire		
Argent	*l'argento*	ardjénnto
Artisanat	*l'artigianato*	artidjanato
Atelier d'artiste	*lo studio d'artista*	stoudio d'artista
Bijoux	*i gioielli*	djoïèlli
Bois	*il legno*	lényo
Broderie	*il ricamo*	ricamo
Cadeaux	*i regali*	régali
Carte postale	*la cartolina*	cartolina
Cendrier	*il portacenere*	portatchénéré
Coton	*il cotone*	cotoné
Cuir (objets en)	*cuoio (oggetti di)*	couoïo (odjètti di)
Dessin	*il disegno*	disényo
Écusson	*lo scudo*	scoudo
Exposition	*la mostra*	mostra
Laine	*la lana*	lana
Miniatures (monuments)	*miniatura (monumenti)*	miniatoura (monuménnti)
Objets typiques	*gli oggetti tipici*	odjètti tipitchi
Osier	*il vimine*	viminé
Peinture (tableau)	*la pittura (quadro)*	pittoura (couadro)
Poterie	*il vasellame*	vassèllamé
Poupée	*la bambola*	bammbola
Sculpture sur bois	*la scultura in legno*	scoultoura inn lényo
Tapis	*il tappeto*	tappéto
Tissage	*la tessitura*	tèssitoura
Verre soufflé	*il vetro soffiato*	vétro soffiato

Tabac

tabacchi
tabakki

Où puis-je trouver un bureau de tabac ?

Dove posso trovare un tabaccaio ?
dovè posso trovaré oun tabaccaïo ?

173

Je voudrais une **cartouche**... un paquet de **cigarettes**...
américaines... anglaises... françaises.

> **Vorrei una stecca di... un pacchetto
> di sigarette... americane... inglesi...
> francesi.**
> vorrèï ouna stècca di... oun pakkètto
> di sigarèttè... amèricanè... innglèsi...
> franntchèsi.

Pouvez-vous **changer** la pierre de mon briquet...
recharger mon briquet ?

> **Può cambiare la pietrina
> dell'accendino... ricaricare
> il mio accendino ?**
> pouo cammbiarè la piètrina
> dèll'atchènndino...
> ricaricarè il mio atchènndino ?

VOCABULAIRE		
Allumettes	*i fiammiferi*	fiammifèri
Briquet	*l'accendino*	atchènndino
Bureau de tabac	*il negozio di tabacchi*	nègotsio di tabakki
Cartouche	*la stecca*	stècca
Cendrier	*il portacenere*	portatchènèrè
Cigares	*i sigari*	sigari
Cigarettes blondes	*le sigarette bionde*	sigarèttè bionndè
– brunes	*– brune*	– brounè
Cure-pipe	*lo scovolino*	scovolino
Essence	*la benzina*	bènndzina
Étui	*l'astuccio*	astoutcho
Filtre (avec)	*con filtro*	conn filtro
– (sans)	*senza filtro*	sènntsa filtro
Fume-cigarette	*il bocchino*	bokkino
Mèche	*la miccia*	mitcha
Papier à cigarette	*le cartine per le sigarette*	cartinè pèr lè sigarèttè
Paquet	*il pacchetto*	pakkètto

Pierre à briquet	*la pietrina*	piètrina
	dell'accendino	dèll'atchènndino
Pipe	*la pipa*	pipa
Tabac	*il tabacco*	tabacco

Culture • loisirs

Cultes

culti
coulti

Pouvez-vous me dire où se trouve l'**église** la plus proche... la cathédrale ?

Può dirmi dov'è la chiesa più vicina... la cattedrale ?
pouo dirmi dov'è la kièsa piou vitchina... la cattèdralè ?

Célèbre-t-on encore des messes dans cette **église** ?

Si celebrano ancora messe in questa chiesa ?
si tchélébrano anncora mèssè inn couèsta kièsa ?

J'aimerais connaître l'**horaire** des offices.

Vorrei sapere l'orario delle messe.
vorrèï sapèrè l'orario dèlle mèssè.

À quelle heure l'église est-elle **ouverte** au public ?

A che ora la chiesa è aperta al pubblico ?
a kè ora la kièsa è apèrta al poubblico ?

Je cherche un **pasteur**... un **prêtre**... un **rabbin**... parlant français.

Cerco un pastore... un prete... un rabbino... che parli francese.
tchèrco oun pastorè... oun prètè... oun rabbino... ke parli franntchèsè.

Vocabulaire		
Cathédrale	*la cattedrale*	cattèdralé
Catholique	*cattolico*	cattolico
Chapelle	*la cappella*	cappèlla
Chrétien	*cristiano*	cristiano
Communion	*la comunione*	comounioné
Confession	*la confessione*	connfèssioné
Dieu	*dio*	dio
Divin	*divino*	divino
Église	*la chiesa*	kièsa
Juif	*ebreo*	èbrèo
Libre penseur	*il libero pensatore*	libéro pénnsatoré
Messe	*la messa*	mèssa
Mosquée	*la moschea*	moskèa
Musulman	*musulmano*	moussoulmano
Office	*l'officio*	offitcho
Orthodoxe	*l'ortodosso*	ortodosso
Païen	*pagano*	pagano
Pasteur	*il pastore*	pastoré
Presbytère	*il presbiterio*	prèsbitèrio
Prêtre	*il prete*	prètè
Prière	*la preghiera*	prèguièra
Prophète	*il profeta*	profèta
Protestant	*protestante*	protèstanntè
Quête	*l'elemosina*	èlèmosina
Rabbin	*il rabbino*	rabbino
Religion	*la religione*	rèlidjonè
Saint	*il santo*	sannto
Sermon	*il sermoné*	sèrmoné
Synagogue	*la sinagoga*	sinagoga
Temple	*il tempio*	tèmmpio

Distractions • spectacles

distrazioni • spettacoli
distratsioni • spèttacoli

À quelle heure **commence** le concert... le film...
la pièce ?

**A che ora comincia il concerto...
il film... la piece teatrale ?**
a kè ora cominntcha il conntchèrto...
il film... la piècè tèatralè ?

Combien **coûtent** les places ?

Quanto costano i posti ?
couannto costano i posti ?

Peut-on **danser** toute la nuit dans cette boîte ?

**Si può ballare tutta la notte in
questo locale ?**
si pouo ballarè toutta la nottè inn
couèsto localè ?

Que **donne**-t-on, ce soir, au cinéma... au théâtre ?

**Cosa danno stasera al cinema...
al teatro ?**
cosa danno stasèra al tchinèma...
al tèatro ?

Quel est le **groupe**... la troupe qui joue ce soir ?

**Qual'è il gruppo... la troupe che
recita stasera ?**
coualè il grouppo... la troupè kè
rètchita stasèra ?

À quelle heure **ouvrent** les boîtes de nuit... cabarets...
discothèques ?

**A che ora aprono i locali notturni...
i cabaret... le discoteche ?**
a kè ora aprono i locali nottourni...
i cabarè... le discotèkè ?

Nous avons besoin d'un **partenaire** pour jouer.

Abbiamo bisogno di un partner per recitare.
abbiamo bisonyo di oun partnèr pèr rètchitarè.

Est-ce un spectacle **permanent** ?

È uno spettacolo permanente ?
é ouno spèttacolo pèrmanènntè ?

Je voudrais une **place**... deux places.

Vorrei un posto... due posti.
vorrèï oun posto... douè posti.

Avez-vous les **programmes** des spectacles ?

Ha i programmi degli spettacoli ?
a i programmi dèly spèttacoli ?

Où peut-on **réserver** des places ?

Dove si possono prenotare i posti ?
dovè si possono prènotare i posti ?

Pouvez-vous m'indiquer des **salles de jeux**... le casino ?

Può indicarmi delle sale da gioco... il casinò ?
pouo inndicarmi dèllè salè da djoco... il casino ?

Faut-il une **tenue de soirée** ?

È necessario l'abito da sera ?
é nètchèssario l'abito da sèra ?

Vocabulaire		
Acte	*l'atto*	atto
Acteur	*l'attore*	attorè
Actrice	*l'attrice*	attritchè
Amusant	*divertente*	divèrtènntè
Artiste	*l'artista*	artista
Auteur	*l'autore*	aoutorè
Balcon	*il balcone*	balconè

Ballet	*il balletto*	ballètto
Billard	*il bigliardo*	bilyardo
Billet	*il biglietto*	bilyètto
Boîte de nuit	*il locale notturno*	localè nottourno
Bridge	*il bridge*	bridgè
Cabaret	*il cabaret*	cabarè
Cantatrice	*la cantante*	canntanntè
Cartes (jeu de)	*gioco delle carte*	djoco dèllè cartè
Casino	*il casinò*	casino
Chanteur	*il cantante*	canntanntè
Chef d'orchestre	*il direttore d'orchestra*	dirèttorè d'orkèstra
Cinéma en plein air	*il cinema all'aria aperta*	tchinèma all'aria apèrta
– en salle	*il cinema in sala*	tchinèma inn sala
Cirque	*il circo*	tchirco
Comédie	*la commedia*	commèdia
COMPLET	*COMPLETO*	commplèto
Compositeur	*il compositore*	commpositorè
Concert	*il concerto*	conntchèrto
Costumes	*i costumi*	costoumi
Coulisses	*le quinte*	couinntè
Critique	*la critica*	critica
Dames (jeu de)	*la dama*	la dama
Danse	*la danza*	danndza
Danse classique	*la danza classica*	danndza classica
– folklorique	*la danza folkloristica*	danndza folclorìstica
Danseur	*il ballerino*	ballèrino
Décor	*lo scenario*	chènario
Dés (jeu de)	*il gioco di dadi*	djoco di dadi
Drame	*il dramma*	dramma
Échecs (jeu d')	*gli scacchi*	skakki
Écouter	*ascoltare*	ascoltarè
Écran	*lo schermo*	skèrmo
ENTRACTE	*INTERVALLO*	inntèrvallo
ENTRÉE	*ENTRATA*	ènntrata
Fauteuil d'orchestre	*la poltrona di platea*	poltrona di platèa
FERMÉ	*CHIUSO*	kiouso
File d'attente	*la fila, la coda*	fila, coda
Gagner	*vincere*	vinntchèrè
Gradin	*il gradino*	gradino

Groupe	*il gruppo*	grouppo
Guichet	*lo sportello*	sportèllo
Hall	*l'entrata*	ènntrata
Intéressant	*interessante*	inntèrèssanntè
Jeton	*il gettone*	djettonè
Jeux (maison de)	*la casa da gioco*	casa da djoco
– de hasard	*i giochi d'azzardo*	djoki d'adzardo
Jouer	*giocare*	djocarè
Lecture	*la lettura*	lèttoura
Livret	*il libretto*	librètto
Loge	*la loggia*	lodja
Lyrique	*lirico*	lirico
Marionnette	*la marionetta*	marionètta
MATINÉE	*RECITA DIURNA*	rètchita diourna
Metteur en scène	*il regista*	rèdjista
Musiciens	*i musicisti*	mousitchisti
Opéra	*l'opera*	opèra
Opérette	*l'operetta*	opèrètta
Parterre	*la platea*	platèa
Partie	*la partita*	partita
Perdre	*perdere*	pèrdèrè
Permanent	*permanente*	pèrmanènntè
Pièce	*lo spettacolo*	spèttacolo
Pion	*la pedina*	pèdina
Piste	*la pista*	pista
Poulailler	*il loggione*	lodjonè
Programme	*il programma*	programma
Rang	*la fila*	fila
Représentation	*la rappresentazione*	rapprèsènntatsionè
Réservation	*la prenotazione*	prènotatsionè
Réserver	*prenotare*	prènotarè
Revue	*la rivista*	rivista
Rideau	*il sipario*	sipario
Rôle	*il ruolo*	rouolo
Roulette (jeu)	*la roulette*	roulèttè
Salle	*la sala*	sala
Scène	*la scena*	chèna
SOIRÉE	*SERATA*	sèrata
Sous-titres	*i sottotitoli*	sottotitoli
Succès	*il successo*	soutchèsso
Tragédie	*la tragedia*	tradjèdia

Vedette	*la vedette*	védéttè
Version originale	*la versione originale*	vèrsionè oridjinalè

Nature

natura
natoura

Vocabulaire

Abeille	*l'ape*	apé
Air	*l'aria*	aria
Altitude	*l'altitudine*	altitoudinè
À pic	*a picco*	a picco
Arbre	*l'albero*	albèro
Automne	*l'autunno*	aoutounno
Averse	*l'acquazzone*	acouadzonè
Baie	*la baia*	baïa
Berger	*il pastore*	pastorè
Bœuf	*il bue*	boué
Bois	*il bosco, il legno*	bosco, lègno
Boisé	*boscoso*	boscoso
Boue	*il fango*	fanngo
Bouleau	*la betulla*	bètoulla
Branche	*il ramo*	ramo
Brouillard	*la nebbia*	nèbbia
Brume	*la bruma*	brouma
Caillou	*il sasso*	sasso
Calcaire	*il calcare*	calcarè
Campagne	*la campagna*	cammpanya
Carrefour	*l'incrocio*	inncrotcho
Cascade	*la cascata*	cascata
Cerisier	*il ciliegio*	tchilièdjo
Champignons	*i funghi*	founngui
Champ	*il campo*	cammpo
Château	*il castello*	castèllo
Chêne	*la quercia*	couèrtcha
Cheval	*il cavallo*	cavallo
Chien de berger	*il cane da pastore*	canè da pastorè
CHIEN MÉCHANT	*CANE FEROCE*	– fèrotchè

Ciel	il cielo	tchèlo
Clair	chiaro	kiaro
Climat	il clima	clima
Colline	la collina	collina
Coq	il gallo	gallo
Côte	la costa	costa
Coucher de soleil	il tramonto	tramonnto
Cueillir	raccogliere	raccolyèrè
DANGER	PERICOLO	pèricolo
Dangereux	pericoloso	pèricoloso
Dégel	il disgelo	disjèlo
Désert	il deserto	dèsèrto
Eau potable	l'acqua potabile	acoua potabilè
– non potable	– non potabile	– nonn potabilè
Éclair	il lampo	lammpo
Environs (les)	i dintorni	dinntorni
Épine	la spina	spina
Est	l'est	èst
Étang	lo stagno	stanyo
Été	l'estate	èstatè
Étoile	la stella	stèlla
Falaise	la scogliera, la falesia	scolyèra, falèsia
Ferme	la fattoria	fattoria
Feuille	la foglia	folya
Fleur	il fiore	fiorè
Fleurs (en)	in fiore	inn fiorè
Foin	il fieno	fièno
Forêt	la foresta	forèsta
Fourmi	la formica	formica
Froid	freddo	frèddo
Gelée	la gelata	djèlata
Glace	il ghiaccio	guiatcho
Glissant	scivoloso	chivoloso
Grotte	la grotta	grotta
Guêpe	la vespa	vèspa
Haie	l'aia	aïa
Hauteur	l'altezza	altètsa
Hiver	l'inverno	innvèrno
Horizon	l'orizzonte	oridzonntè
Humide	umido	oumido

Inoffensif	*inoffensivo*	inoffènnsivo
Insecte	*l'insetto*	innsètto
Lac	*il lago*	lago
Lave (volcan)	*la lava*	lava
Lever du soleil	*il sorgere del sole*	sordjèrè dèl solè
Lumière	*la luce*	loutchè
Marécage	*la palude*	paloudè
Mer	*il mare*	marè
Montagneux	*montagnoso*	monntanyoso
Morsure	*il morso*	morso
Mouche	*la mosca*	mosca
Moustique	*la zanzara*	dzanndzara
Mouton	*la pecora*	pècora
Neige	*la neve*	nèvè
Nord	*il nord*	nord
Nuage	*la nuvola*	nouvola
Océan	*l'oceano*	otchèano
Oiseau	*l'uccello*	outchèllo
Olivier	*l'olivo*	olivo
Ombre	*l'ombra*	ommbra
Orage	*il temporale*	tèmmporalè
Oranger	*l'arancio*	aranntcho
Ortie	*l'orticha*	ortika
Ouest	*l'ovest*	ovèst
Palmier	*la palma*	palma
Paysage	*il paesaggio*	paèsadjo
Pierre	*la pietra*	piètra
Pin	*il pino*	pino
Piqûre	*la puntura*	pounntoura
Plage	*la spiaggia*	spiadja
Plaine	*la pianura*	pianoura
Plantes	*le piante*	pianntè
Plat	*piatto*	piatto
Pluie	*la pioggia*	piodja
Pommier	*il melo*	mèlo
Port	*il porto*	porto
Pré	*il prato*	prato
Précipice	*il precipizio*	prètchipitsio
Printemps	*la primavera*	primavèra
Proche	*vicino*	vitchino
Promenade	*la passeggiata*	passèdjata

PROPRIÉTÉ PRIVÉE	*PROPRIETÀ PRIVATA*	propriéta privata
Rivière	*la riviera*	rivièra
Rocher	*la roccia*	rotcha
Ruisseau	*il ruscello*	rouchèllo
Sable	*la sabbia*	sabbia
Sapin	*il pino*	pino
Sec	*secco*	sécco
Serpent	*il serpente*	sèrpènntè
Soleil	*il sole*	solè
Sommet	*la sommità*	sommita
Source	*la sorgente*	sordjènntè
Sud	*il sud*	soud
Température	*la temperatura*	tèmmpératoura
Tempête	*la tempesta*	tèmmpèsta
Temps	*il tempo*	tèmmpo
Tonnerre	*il tuono*	touono
Torrent	*il torrente*	torrènntè
Troupeau	*il gregge*	grèdjè
Vache	*la mucca, la vacca*	moucca, vacca
Vallée	*la vallata*	vallata
Vénéneux	*velenoso*	vèlènoso
Versant	*il versante*	vèrsanntè
Volcan	*il vulcano*	voulcano

Sports

> *sport*
> sport

Où peut-on pratiquer l'équitation... le golf...
la natation... le surf... le tennis... la voile ?

> **Dove si può praticare**
> **l'equitazione... il golf... il nuoto...**
> **il surf... il tennis... la vela ?**
> dovè si pouo praticarè l'écouitatsionè...
> il golf... il nouoto... il sourf... il tennis...
> la vela ?

Je voudrais **assister à un match** de... où a-t-il lieu ?

> **Vorrei assistere a una partita di... dove avrà luogo ?**
> vorrèï assistéré a ouna partita di... dové avra louogo ?

Où faut-il acheter les **billets**... réserver ?

> **Dove si possono acquistare i biglietti... prenotare ?**
> dové si possono acouistaré i bilyétti... prénotaré ?

Quel est le prix de l'**entrée** ?

> **Qual'è il prezzo d'entrata ?**
> coual'é il prédzo d'énntrata ?

Quelles sont les **équipes** ?

> **Di che squadre si tratta ?**
> di ké scouadré si tratta ?

Quelles sont les **formalités** à remplir pour obtenir **le permis de chasse... de pêche** ?

> **Quali sono le formalità da espletare per ottenere il permesso di caccia... di pesca ?**
> couali sono lé formalita da ésplétaré pér otténéré il pérmesso di catcha... di pésca ?

Pouvez-vous m'indiquer les **heures d'ouverture** ?

> **Può indicarmi le ore d'apertura ?**
> pouo inndicarmi lé oré d'apèrtoura ?

J'aimerais prendre des **leçons**.

> **Mi piacerebbe prendere delle lezioni.**
> mi piatchérébbé prénndéré déllé létsioni.

Où peut-on **louer... l'équipement** nécessaire ?

> **Dove si può noleggiare l'equipaggiamento necessario ?**
> dové si pouo noledjaré l'écouipadjaménnto nétchéssario ?

Peut-on **nager sans danger** dans cette rivière... le long de cette plage ?

> **Si può nuotare senza pericolo in questo fiume... su questa spiaggia ?**
> si pouo nouotaré sénntsa péricolo inn couésto fioumé... sou couésta spiadja ?

Y a-t-il une **patinoire** ?

> **C'è un'area di pattinaggio ?**
> tché oun'aréa di pattinadjo ?

Où peut-on **pêcher** ?

> **Dove si può pescare ?**
> dové si pouo péscaré ?

Y a-t-il des **pistes** pour toutes les catégories de **skieurs** ?

> **Ci sono delle piste per tutte le categorie di sciatori ?**
> tchi sono déllé pisté pér toutté lé catégorié di chiatori ?

Quelles sont les **prévisions météorologiques** ?

> **Quali sono le previsioni meteorologiche ?**
> couali sono le prévisioni météorolodjiké ?

Quels sont les **prix** à l'heure... à la demi-journée... à la journée... à la semaine ?

> **Quali sono i prezzi all'ora... per una mezza giornata... per un giorno... alla settimana ?**

couali sono i prèdzi all'ora... pèr **ou**na mèdza djornata... pèr oun djorno... a**l**la sèttimana ?

Je voudrais faire une **randonnée** en montagne.

Vorrei fare un'escursione in montagna.
vorrèï farè oun'èscoursionè inn montanya.

Comment peut-on **rejoindre les pistes** ?

Come si può andare sulle piste ?
comè si pouo anndarè soullè pistè ?

Le match est-il **retransmis à la télévision** ?

La partita è ritrasmessa alla televisione ?
la partita è ristrasmèssa a**l**la tèlèvisionè ?

Vocabulaire		
Arbitre	*l'arbitro*	arbitro
Articles de sport	*gli articoli di sport*	articoli di sport
Athlétisme	*l'atletica leggera*	atlètica lèdjèra
Balle	*la palla*	palla
Ballon	*il pallone*	pallonè
Basket-ball	*la pallacanestro*	pallacanèstro
Bicyclette	*la bicicletta*	bitchiclètta
Boxe	*la boxe*	box
But	*il gol*	gol
Canne de golf	*la canna da golf*	canna da golf
Championnat	*il campionato*	cammpionato
Chronomètre	*il cronometro*	cronomètro
Corner	*il corner*	cornèr
Course	*la corsa*	corsa
Cyclisme	*il ciclismo*	tchiclismo
Deltaplane	*il deltaplano*	dèltaplano
Disqualification	*la squalifica*	scoualifica
Entraînement	*l'allenamento*	allènamènnto
Équipe	*la squadra*	scouadra

Escrime	*la scherma*	skèrma
Essai	*la prova*	prova
Finale	*la finale*	finalè
Football	*il calcio*	caltcho
Gagner	*vincere*	vinntchèrè
Golf	*il golf*	golf
Golf miniature	*il mini-golf*	mini-golf
Haltères	*il manubrio*	manoubrio
Hippodrome	*l'ippodromo*	ippodromo
Hockey sur gazon	*hockey sull'erba*	hockey soull'èrba
– sur glace	*– sul ghiaccio*	– soul guiatcho
Hors jeu	*il fuori gioco*	fouori djoco
Jeux Olympiques	*le Olimpiadi*	olimmpiadi
Jouer	*giocare*	djocarè
Joueur	*il giocatore*	djocatorè
Lancer	*lanciare*	lanntcharè
Lutte	*la lotta*	lotta
Marathon	*la maratona*	maratona
Marche	*la marcia*	martcha
Marquer un but	*fare un gol*	farè oun gol
Match	*la partita*	partita
Mi-temps	*primo tempo /*	primo tèmmpo /
	secondo tempo	sèconndo tèmmpo
Motocyclisme	*il motociclismo*	mototchiclismo
Panier	*il canestro*	canèstro
Parier	*scommettere*	scommèttèrè
Penalty	*rigore*	rigorè
Perdre	*perdere*	pèrdèrè
Ping-pong	*ping-pong*	ping-pong
Piste	*la pista*	pista
Point	*il punto*	pounnto
Record	*il record*	rècord
Ring	*il ring, l'arena*	rinng, arèna
Rugby	*il rugby*	rugby
Saut	*il salto*	salto
Shoot	*il tiro*	tiro
Stade	*lo stadio*	stadio
Terrain de football	*campo di calcio*	cammpo di caltcho
– de golf	*– di golf*	– di golf
Touche	*la rimessa*	rimèssa
Trou	*il buco*	bouco

Vélodrome	*il velodromo*	vèlodromo
Victoire	*la vittoria*	vittoria
Vol à voile	*il volo a vela*	volo a vèla

Chasse

	caccia
	catcha

Vocabulaire		
Affût	*l'agguato*	aggouato
Armurerie	*l'armeria*	armèria
Balle	*la pallottola*	pallottola
Bottes	*gli stivali*	stivali
Carabine	*la carabina*	carabina
Cartouche	*la cartuccia*	cartoutcha
CHASSE GARDÉE	*RISERVA DI CACCIA*	risèrva di catcha
CHASSE INTERDITE	*CACCIA PROIBITA*	catcha proïbita
Chasseur	*il cacciatore*	catchatorè
Chien de chasse	*il cane da caccia*	canè da catcha
Fermée	*chiusa*	kiousa
Fusil	*il fucile*	foutchilè
Garde-chasse	*il guardiacaccia*	gouardiacatcha
Gibecière	*il carniere*	carniérè
Gibier à plume	*la selvaggina a piume*	sèlvadjina a pioumé
Gibier à poil	*– a pelo*	– a pèlo
Lunette (fusil)	*il cannocchiale*	cannokialè
Meute	*la muta*	mouta
Ouverte	*aperta*	apèrta
Permis de chasse	*il permesso di caccia*	pèrmèsso di catcha
Réserve	*la riserva*	risèrva
Sécurité (d'une arme)	*la sicura*	sicoura
Tirer	*sparare*	spararè
Veste de chasse	*la giacca da caccia*	djacca da catcha

Équitation

equitazione
écouitatsionè

Vocabulaire		
Antérieurs (les)	*gli anteriori*	anntèriori
Assiette	*la posizione*	positsionè
Bombe	*il berretto*	il bèrrètto
Bottes	*gli stivali*	stivali
Bouche	*la bocca*	bocca
Bride	*le briglie*	brilyè
Cabrer	*impennare*	immpènnarè
Cheval	*il cavallo*	cavallo
Concours hippique	*il concorso ippico*	conncorso ippico
Course d'obstacle	*la corsa a ostacoli*	corsa a ostacoli
Cravache	*la frusta*	frousta
Dos	*la schiena*	skièna
Écuyer	*lo scudiere*	scoudièrè
Encolure	*il collo*	collo
Éperons	*gli speroni*	spèroni
Étriers	*le staffe*	staffè
Galop	*il galoppo*	galoppo
Garrot	*il garrese*	garrèsè
Jument	*la giumenta*	djoumènnta
Longe	*la cavezza*	cavètsa
Manège	*il maneggio*	manèdjo
Mors	*il morso*	morso
Obstacle	*l'ostacolo*	ostacolo
Parcours	*il percorso*	pèrcorso
Pas	*il passo*	passo
Polo	*il polo*	polo
Poney	*il pony*	pony
Postérieurs (les)	*i posteriori*	postèriori
Promenade à cheval	*la passeggiata a cavallo*	passèdjata a cavallo
Rênes	*le redini*	rèdini
Robe	*il vestito*	vèstito
Ruer	*tirar calci*	tirar caltchi
Sabots	*gli zoccoli*	dzoccoli

Sangle	*la cinghia*	tchinnguia
Sauter	*saltare*	saltarè
Selle	*la sella*	sèlla
Tapis de selle	*tappeto di sella*	tappèto di sèlla
Trot	*trotto*	trotto

Montagne

	montagna
	monntanya

Vocabulaire

Alpinisme	*l'alpinismo*	alpinismo
Anorak	*la giacca a vento*	djacca a vènnto
Ascension	*l'ascensione*	achènnsionè
Avalanche	*valanga*	valannga
BARRIÈRE DE DÉGEL	*BARRIERA DI SGELO*	barrièra di sdjèlo
Bâtons	*le racchette*	rakèttè
Bivouac	*il bivacco*	bivacco
Brouillard	*la nebbia*	nèbbia
Chute	*la caduta*	cadouta
Corde	*la corda*	corda
Cordée	*la cordata*	cordata
Couloir	*il corridoio, canalone*	corridoïo, canalonè
Crampons	*i ramponi*	rammponi
DANGER	*PERICOLO*	pèricolo
Dégel	*lo sgelo*	sdjèlo
Dérapage	*lo slittamento*	slittamènnto
Excursion	*l'escursione*	escoursionè
Fondre	*fondere*	fonndèrè
Funiculaire	*la funivia*	founivia
Gelé	*ghiacciato*	guiatchato
Glace	*il ghiaccio*	guiatcho
Glacier	*il ghiacciaio*	guiatchaïo
Grimper	*arrampicarsi*	arrammpicarsi
Guide	*la guida*	gouida
Halte	*la sosta*	sosta
Leçon	*la lezione*	lètsionè
Louer	*affittare*	affittarè

Luge	*la slitta*	slìtta
Moniteur	*il maestro*	maèstro
Montée	*la salita*	salìta
Mousqueton	*il moschettone*	moskéttonè
Neige	*la neve*	nèvè
– gelée	*– gelata*	– djélata
– poudreuse	*– fresca* ou *vergine*	– frèsca *ou* vèrdjinè
Névé	*il nevaio*	nèvaïo
Patinage	*il pattinaggio*	pattinadjo
Patinoire	*la pista di pattinaggio*	pista di pattinadjo
Patins	*i pattini*	pattini
Piolet	*la piccozza*	piccodza
Piste	*la pista*	pista
Piton	*il chiodo · il picco*	kiodo · picco
Pluie	*la pioggia*	piodja
Porte (slalom)	*la porta (slalom)*	porta
Rappel	*scendere con corda doppia*	chènndèrè conn corda doppia
Ravin	*il precipizio*	prètchipitsio
Redoux	*il disgelo*	disdjèlo
Refuge	*il rifugio*	rifoudjo
Remonte-pente	*la sciovia*	chioviä
Roche	*la roccia*	rotcha
Sac à dos	*lo zaino*	dzaïno
Sentier	*il sentiero*	sènntièro
Ski alpin	*sci di discesa*	chi di dichèsa
– de fond	*– di fondo*	– di fonndo
Skis	*gli sci*	chi
Sommet	*il picco*	picco
Station de sport d'hiver	*la stazione di sci*	statsionè di chi
Surplomb	*lo strapiombo*	strapiommbo
Téléférique	*la teleferica*	tèlèfèrica
Température	*la temperatura*	tèmmpèratoura
Tempête de neige	*la tempesta di neve*	tèmmpèsta di nèvè
Tente	*la tenda*	tènnda
Torrent	*il torrente*	torrènntè
Traces	*le tracce*	tratchè

Traîneau	*la slitta*	slitta
Tremplin	*il trampolino*	trammpolino
Vallée	*la valle*	vallè

Sports nautiques • pêche

sport nautici • pesca
sport naoutitchi • pèsca

Vocabulaire		
Accastillage	*accastellamento*	accastèllamènnto
Amarrer	*ammarare*	ammararè
Anneau	*l'anello*	anèllo
Appât	*l'esca*	èsca
Articles de pêche	*gli articoli da pesca*	articoli da pèsca
BAIGNADE INTERDITE	*DIVIETO DI BALNEAZIONE*	divièto di balnèatsionè
Barque	*la barca*	barca
Barre (direction)	*la barra del timone*	barra dèl timonè
Bassin	*il bacino*	batchino
Bateau à moteur	*il battello a motore*	battèllo a motorè
– à rames	*– a remi*	– a rèmi
– à voiles	*– a vela*	– a vèla
Bottes	*gli stivali*	stivali
Bouée	*la boa*	boa
Brasse	*a rana*	a rana
Cabine	*la cabina*	cabina
Canne à pêche	*la canna da pesca*	canna da pèsca
Canoë	*la canoa*	canoa
Canot	*il canotto*	canotto
Ceinture de sauvetage	*il salvagente*	salvadjènntè
Combinaison de plongée	*la tuta subacquea*	touta soubacouèa
Courant	*la corrente*	corrènntè
Crawl	*lo stile libero*	stilè libéro
Croisière	*la crociera*	crotchèra
DANGER	*PERICOLO*	pèricolo
Dérive	*la deriva*	dèriva

Eau (point d')	*acqua*	acoua
Embarcadère	*l'imbarcadero*	immbarcadèro
Étang	*lo stagno*	stanyo
Filet de pêche	*la rete da pesca*	rètè da pèsca
Flèche	*la freccia*	frètcha
Flotteur	*il galleggiante*	gallèdjanntè
Foc	*il fiocco*	fiocco
Fusil	*il fucile*	foutchilè
Gouvernail	*il timone*	timonè
Hameçon	*l'amo*	amo
Harpon	*l'arpione*	arpionè
Hélice	*l'elica*	èlica
Hors-bord	*il fuori-bordo*	fouori-bordo
Jetée	*la diga*	diga
Lac	*il lago*	lago
Ligne	*la lenza*	lènntsa
Louer	*affittare*	affitarè
Maillot de bain	*il costume da bagno*	costoumè da banyo
Maître nageur	*il maestro di nuoto*	maèstro di nouoto
Marée basse	*la bassa marea*	bassa marèa
– haute	*l'alta marea*	alta marèa
Masque	*la maschera*	maskèra
Mât	*l'albero maestro*	albèro maèstro
Mer	*il mare*	marè
Météo	*la meteorologia*	mètèorolodjia
Moniteur	*il maestro*	maèstro
Mordre (ça mord)	*mordere (mordono)*	mordèrè (mordono)
Mouillage	*l'ormeggio*	ormèdjo
Moulinet	*il mulinello*	mulinèllo
Nage sur le dos	*il nuoto sul dorso*	nouoto soul dorso
Natation	*il nuoto*	nouoto
Palmes	*le pinne*	pinnè
PÊCHE INTERDITE	*DIVIETO DI PESCA*	divièto di pèsca
Pédalo	*il moscone*	moscone
Permis de pêche	*il permesso di pesca*	pèrmèsso di pèsca
Pied (avoir)	*toccare*	toccarè
Piscine	*la piscina*	pichina
Plage	*la spiaggia*	spiadja
Planche à voile	*la tavola a vela*	tavola a vèla
– de surf	*– da surf*	– da sourf
Plombs	*i piombi*	piommbi

Plongée	*l'immersione*	immèrsionè
Plongeon	*il tuffo*	touffo
Poisson	*il pesce*	pèchè
Pont	*il ponte*	ponntè
Port	*il porto*	porto
Quai	*la banchina*	bannkina
Quille	*il birillo*	birillo
Rames	*i remi*	rèmi
Rive	*la riva*	riva
Rivière	*la riviera*	rivièra
Sable	*la sabbia*	sabbia
Safran (gouvernail)	*la pala*	pala
Ski nautique	*lo sci nautico*	chi naoutico
Station balnéaire	*stazione balneare*	statsionè balnèarè
Température	*la temperatura*	tèmmpèratoura
Tempête	*la tempesta*	tèmmpèsta
Vague	*l'onda*	onnda
Vent	*il vento*	vènnto
Voile	*la vela*	vèla
Yacht	*lo yacht, il panfilo*	yott, pannfilo

Tennis

tennis
tènnis

Vocabulaire		
Balle	*la palla*	palla
Chaussures de tennis	*le scarpe da tennis*	scarpè da tènnis
Classement	*la classifica*	classifica
Couloir	*il corridoio*	corridoïo
Coup droit	*il colpo dritto*	colpo dritto
Court de tennis	*il campo da tennis*	cammpo da tènnis
Double	*il doppio*	doppio
Faute	*l'errore*	èrrorè
Filet	*la rete*	rètè
Jeu	*il gioco*	djoco
Jouer au tennis	*giocare a tennis*	djocarè a tènnis

Leçon	*la lezione*	lètsionè
Match	*la partita*	partita
– nul	*– pari*	– pari
Partenaire	*il compagno di gioco*	commpanyo di djoco
Raquette	*la racchetta*	rakkètta
Revers	*il rovescio*	rovècho
Service	*il servizio*	sèrvitsio
Short	*i pantaloncini corti*	panntalonntchini corti
Simple	*semplice, simple*	sèmmplitchè, simmplè
Smash	*lo smash, la schiacciata*	smash, skiatchata
Tension des cordes	*la tensione delle corde*	tènnsionè dèllè cordè
Volée	*la volée*	volè

Visites touristiques • musées • sites

visite turistiche • musei • siti
visitè touristikè • mousèï • siti

Où se trouve l'Office du tourisme ?

Dov'è l'ente per il turismo ?
dov'è l'ènntè pèr il tourismo ?

Combien coûte la visite ?

Quanto costa la visita ?
couannto costa la visita ?

De quelle **époque** date-t-elle (il) ?

Di che epoca è ?
di kè època è ?

Quelles sont les **heures d'ouverture** ?

Quali sono le ore d'apertura ?
couali sono lè orè d'apèrtoura ?

Quels sont les **lieux visités** au cours du circuit ?

> **Quali sono i luoghi visitati lungo il circuito ?**
> couali sono i louogui visitati lounngo il tchircouito ?

Peut-on prendre des **photos** ?

> **Si può fotografare ?**
> si pou-o fotografarè ?

Avez-vous un **plan de la ville**... des environs ?

> **Ha una pianta della città... dei dintorni ?**
> a ouna piannta dèlla tchitta... dèï dinntorni ?

Quelle (quel) est cette église... ce monument... ce tableau ?

> **Come si chiama questa chiesa... questo monumento... questo quadro ?**
> comè si kiama couèsta kièsa... couèsto monouménnto... couèsto couadro ?

Qui en est l'architecte... le peintre... le sculpteur ?

> **Chi è l'architetto... il pittore... lo scultore ?**
> ki è l'arkitètto... il pittorè... lo scoultorè ?

Combien de **temps dure la visite** ?

> **Quanto tempo dura la visita ?**
> couannto tèmmpo doura la visita ?

Où se **trouve** le musée... la cathédrale... le monastère... l'exposition ?

> **Dov'è il museo... la cattedrale... il monastero... l'esposizione ?**
> dov'è il mousèo... la cattèdralè... il monastèro... l'èspositsionè ?

Quelle **visite** nous conseillez-vous ?

> **Che visita ci consiglia ?**
> ké visita tchi connsilya ?

Y a-t-il une **visite organisée** ?

> **C'è una visita organizzata ?**
> tché ouna visita organidzata ?

Je **voudrais visiter la vieille ville**… le port.

> **Vorrei visitare la città vecchia…**
> **il porto.**
> vorréï visitaré la tchitta vékia… il porto.

Vocabulaire		
Abbaye	*l'abbazia*	abbadzia
Abside	*l'abside*	absidé
Ancien	*antico*	anntico
Baroque	*barocco*	barocco
Bâtiment	*l'edificio*	édifitcho
Bibliothèque	*la biblioteca*	bibliotéca
Billet	*il biglietto*	bilyétto
Cascade	*la cascata*	cascata
Cathédrale	*la cattedrale*	cattédralé
Centre ville	*il centro città*	tchénntro tchitta
Chef-d'œuvre	*il capolavoro*	capolavoro
Cimetière	*il cimitero*	tchimitéro
Circuit	*il circuito*	tchircouito
Colonne	*la colonna*	colonna
Croix	*la croce*	crotché
Crypte	*la cripta*	cripta
Curiosité	*la curiosità*	couriosita
Dessin	*il disegno*	disénio
Dôme	*il duomo*	douomo
Douves	*il fossato*	fossato
Église	*la chiesa*	kièsa
Entrée	*l'entrata*	énntrata
ENTRÉE LIBRE	*ENTRATA LIBERA*	énntrata libéra
Environs	*i dintorni*	dinntorni
Exposition	*l'esposizione*	éspositsioné
Façade	*la facciata*	fatchata

Fontaine	*la fontana*	fonntana
Fort	*il forte*	fortè
Fresque	*l'affresco*	affrèsco
Gothique	*gotico*	gotico
Gratte-ciel	*il grattacielo*	grattatchèlo
Gravure	*l'incisione*	intchisione
Guide	*la guida*	gouida
Hôtel de ville	*il municipio*	mounitchipio
Jardin	*il giardino*	djardino
– botanique	*– botanico*	– botanico
– zoologique	*lo zoo*	dzoo
Marché	*il mercato*	mèrcato
Miniature	*la miniatura*	miniatoura
Monastère	*il monastero*	monastèro
Monument	*il monumento*	monoumènnto
Moyen Âge	*il medioevo*	mèdioèvo
Musée	*il museo*	mousèo
Nef	*la navata*	navata
Observatoire	*l'osservatorio*	ossèrvatorio
Palais	*il palazzo*	paladzo
Parc	*il parco*	parco
Peintre	*il pittore*	pittorè
Peinture	*la pittura*	pittoura
Pilier	*il pilastro*	pilastro
Place	*la piazza*	piadza
Pont	*il ponte*	ponntè
Port	*il porto*	porto
Remparts	*le mura*	moura
Renaissance	*il Rinascimento*	rinachimènnto
Roman (style)	*lo stile romanico*	stilè romanico
Rosace	*il rosone*	rosonè
Ruelle	*la stradina/viuzza*	stradina/vioudza
Ruines	*le rovine*	rovinè
Salle	*la sala*	sala
Sculpteur	*lo scultore*	scoultorè
Sculpture	*la scultura*	scoultoura
Siècle	*il secolo*	sècolo
Statue	*la statua*	statoua
Style	*lo stile*	stilè
Tableau	*il quadro*	couadro
Tour	*la torre*	torrè

Vieille ville	*la città vecchia*	tchitta vèkkia
Visite	*la visita*	visita
– guidée	*– guidata*	– gouidata

Dictionnaire

À *a.*
Abaisser *abbassare.*
Abandonner *abbandonare.*
Abbaye *abbazia.*
Abcès *ascesso.*
Abeille *ape.*
Abîmer *danneggiare.*
Abonner (s') *abbonare (rsi).*
Abord (d') *innanzitutto.*
Abri *rifugio.*
Abriter *riparare,*
    proteggere.
Absent *assente.*
Absolument *assolutamente.*
Abstenir *astenere.*
Absurde *assurdo.*
Abus *abuso.*
Abuser *abusare.*
Accélérer *accellerare.*
Accent *accento.*
Accepter *accettare.*
Accessoire *accessorio.*
Accident *incidente.*
Accompagner
    accompagnare.
Accord *accordo.*
Accrocher *appendere.*
Accueil *accoglienza.*
Acheter *comprare.*
Acompte *acconto.*
Acquérir *acquistare.*
Action *azione.*
Activité *attività.*
Addition *addizione, conto.*

Adieu *addio.*
Admettre *ammettere.*
Administrateur
    amministratore.
Admirer *ammirare.*
Adresse *indirizzo.*
Adresser *indirizzare.*
Adroit *destro, accorto.*
Adulte *adulto.*
Adversaire *avversario.*
Aération *aerazione.*
Aéroport *aeroporto.*
Affaiblir *indebolire.*
Affaire *affare.*
Affranchir *liberare.*
Affreux (euse) *orrendo (a).*
Âge *età.*
Agence *agenzia.*
Agent *agente.*
Aggravation
    aggravamento.
Agir *agire.*
Agrandir *ingrandire.*
Agréable *piacevole.*
Agrément *gradimento.*
Aide *aiuto.*
Aigre *aspro.*
Aiguille *ago.*
Ailleurs *altrove.*
Aimable *amabile.*
Aimer *amare.*
Aîné *maggiore.*
Ainsi *così.*

Air *aria.*
Ajouter *aggiungere.*
Alcool *(méd.) alcole, (boisson) liquore.*
Alentour *dintorni.*
Aliment *alimento, cibo.*
Aliter *rimanere a letto.*
Aller *andare.*
Aller et retour *andata e ritorno.*
Allonger *allungare.*
Allumer *accendere.*
Alors *allora.*
Altitude *altitudine.*
Amabilité *amabilità.*
Ambassade *ambasciata.*
Ambulance *ambulanza.*
Améliorer *migliorare.*
Amener *portare.*
Ami(e) *amico (a).*
Ampoule *lampadina, (méd.) vescica.*
Amusant *divertente.*
Amuser (s') *divertire (rsi).*
Ancêtres *antenati.*
Ancien *antico, vecchio.*
Angoisse *angoscia.*
Animal *animale.*
Année *anno.*
Anniversaire *compleanno.*
Annonce *annuncio.*
Annuler *annullare.*
Antérieur *anteriore.*

Antidote *antidoto.*
Antiquaire *antiquario.*
Août *agosto.*
Apparaître *apparire.*
Appareil *apparecchio.*
Appeler *chiamare.*
Appendicite *appendicite.*
Appétit *appetito.*
    Bon appétit ! *buon appetito.*
Apprécier *godere, fuire.*
Appui *appoggio.*
Appuyer (s') *appoggiare (rsi).*
Après *dopo.*
À propos *a proposito.*
Araignée *ragno.*
Arbre *albero.*
Argent *(monnaie) denaro, (métal) argento.*
Argument *argomento.*
Aride *arido.*
Arme *arma.*
Arrêt *sosta, arresto, (train, bus) fermata.*
Arrêter (s') *fermare (rsi).*
Arrière (à l') *indietro (all').*
Arriver *arrivare.*
Art *arte.*
Ascenseur *ascensore.*
Asseoir (s') *sedere (rsi).*
Assez *abbastanza.*
Assiette *piatto.*
Assurer *assicurare.*

Assurance *assicurazione.*
Attaque *attacco.*
Atteindre *colpire, investire.*
Attendre *attendere, aspettare.*
Attente *attesa.*
Atterrir *atterrare.*
Attestation *attestato.*
Attitude *attitudine, comportamento.*
Auberge *albergo.*
Aucun *alcuno, nessuno.*
Au-dedans *dentro.*
Au-dehors *fuori.*
Au-delà *al di là.*
Au-dessous *sotto.*
Au-dessus *sopra.*
Au-devant *davanti.*
Augmentation *aumento.*
Aujourd'hui *oggi.*
Auparavant *prima.*
Aussi *anche.*
Aussitôt *immediatamente.*
Autant *altrettanto.*
Authentique *autentico.*
Autobus *autobus.*
Automne *autunno.*
Autoriser *autorizzare.*
Autorité *autorità.*
Autour *attorno.*
Autre *altro.*
Avaler *ingoiare.*
Avance *vantaggio, anticipo.*

Avant *avanti, prima.*
Avantageux *vantaggioso.*
Avant-hier *l'altro ieri.*
Avec *con.*
Avenir *avvenire, futuro.*
Aventure *avventura.*
Averse *acquazzone.*
Avertir *avvertire.*
Aveugle *cieco.*
Avion *aereo.*
Avis *avviso.*
Avocat *avvocato.*
Avril *aprile.*

Bâbord *babordo.*
Bac *traghetto, barca.*
Bâche *tendone, telone.*
Bagage *bagaglio.*
Bague *anello.*
Baignade *balneazione.*
Baigner *bagnare.*
Bain *bagno.*
Baiser *bacio.*
Baisse *bassa, ribasso.*
Baisser (se) *abbassare (rsi).*
Balade *passeggiata.*
Balai *scopa.*
Balance *bilancia.*
Balayer *scopare.*
Ballon *pallone.*
Balnéaire *balneare.*
Balustrade *balaustrata.*
Banc *banco.*

Bandage *fasciatura.*

Banlieue *periferia.*

Banque *banca.*

Barbe *barba.*

Barque *barca.*

Barrage *diga.*

Barre *sbarra.*

Bas *basso, (vêt.) calza.*

Baser *basare.*

Bassin *bacino.*

Bas-ventre *inguine, basso ventre.*

Bataille *battaglia.*

Bateau *battello.*

Bâtiment *edificio.*

Bâtir *costruire.*

Bâton *bastone.*

Battre *battere.*

Baume *balsamo.*

Bavard *chiacchierone.*

Beau *bello.*

Beaucoup *molto.*

Beau-fils *genero.*

Beau-frère *cognato.*

Beau-père *suocero.*

Beauté *bellezza.*

Bébé *bimbo, bambino, bébé.*

Beige *crema.*

Belle-fille *nuora.*

Belle-mère *suocera.*

Belle-sœur *cognata.*

Belvédère *terrazza, altana.*

Bénéfice *beneficio.*

Bénévole *benevolo, volontario.*

Bénir *benedire.*

Besoin *bisogno.*

    Avoir besoin *aver bisogno.*

Bétail *bestiame.*

Bête *bestia.*

Beurre *burro.*

Bicyclette *bicicletta.*

Bien *bene.*

Bientôt *presto.*

Bienvenu(e) *benvenuto (a).*

Bière *birra.*

Bifurcation *biforcazione, bivio.*

Bijou *gioiello.*

Bijoutier *gioielliere.*

Billet *biglietto.*

Biscotte *fetta biscottata.*

Bistrot *bar.*

Blanc(he) *bianco (a).*

Blanchir *imbiancare.*

Blanchisserie *lavanderia.*

Blé *grano.*

Blesser *ferire.*

Bleu *blu.*

Bobine *bobina.*

Bœuf *bue, manzo, (boucherie) manzo.*

Boire *bere.*

Bois *legno, (nature) bosco.*

Boisson *bibita.*

Boîte *scatola.*
Bon *buono.*
Bondé *affollato, stipato.*
Bonheur *felicità.*
Bonjour *buongiorno.*
Bonne nuit *buona notte.*
Bonsoir *buona sera.*
Bonté *bontà.*
Bord *bordo.*
Bosse *bernoccolo, gobba.*
Bouche *bocca.*
Boucherie *macelleria.*
Boucle *fibbia, riccio,*
  (du fleuve) ansa.
Boudin *sanguinaccio.*
Boue *fango.*
Bouée *salvagente.*
Bouger *muovere.*
Bougie *candela.*
Bouillant *bollente.*
Boulanger *fornaio.*
Boule *palla, boccia.*
Boussole *bussola.*
Bouteille *bottiglia.*
Boutique *negozio.*
Bouton *bottone.*
Bracelet *braccialetto.*
Bras *braccio.*
Brasserie *birreria.*
Bref *breve.*
Brillant *brillante.*
Briser *rompere, spezzare.*
Broder *ricamare.*

Brosse *spazzola.*
Brouillard *nebbia.*
Bruit *rumore.*
Brume *bruma.*
Brun(e) *bruno (a).*
Bulletin météorologique
  bolletino
  meteorologico.
Bureau *ufficio,*
  (meuble) scrivania.
Bus *bus.*
But *(destination) meta,*
  (sport) gol.
Buvable *bevibile.*

Cabane *capanna, prigione.*
Cabaret *cabaret.*
Cabine *cabina.*
Câble *cavo.*
Cacher *nascondere.*
Cadeau *regalo.*
Cadenas *catenaccio.*
Cadet(te) *minore.*
Caduc *caduco.*
Café *caffè.*
Cahier *quaderno.*
Caillou *sasso.*
Caisse *cassa.*
Calcaire *calcare.*
Calcul *calcolo.*
Cale *stiva.*
Calendrier *calendario.*
Calmant *calmante.*
Calme *calmo.*

Camarade *camerata, compagno.*

Camion *camion.*

Campagne *campagna.*

Camper *campeggiare.*

Camping *camping.*

Canal *canale.*

Canard *anatra.*

Cancer *cancro.*

Canne *canna.*

Canot *canotto.*

Capable *capace.*

Capitale *capitale.*

Car *corriera.*

Cardiaque *cardiaco.*

Cargaison *carico.*

Carré(e) *quadrato (a).*

Carrefour *incrocio.*

Carte *(jeu) carta, (poste) cartolina, (menu) lista.*

Carton *cartone.*

Cas *caso.*

Casse-croûte *merenda, panino.*

Casser *rompere.*

Casserole *casseruola, pentola.*

Cathédrale *cattedrale.*

Cauchemar *incubo.*

Cause *causa.*

  À cause de *a causa di.*

Causer *causare.*

Caution *cauzione.*

Cavalier *cavaliere, arrogante.*

Ce, cet, cette, celui, celle *questo, questa, quello, quella.*

Ceci, cela *ciò.*

Célèbre *celebre.*

Célibataire *(m.) celibe, (f.) nubile.*

Celle-là, celui-là *quella lì, quello lì.*

Cent *cento.*

Central *centrale.*

Centre *centro.*

Cependant *frattanto, in quel mentre.*

Cercle *circolo.*

Certain *certo.*

Certainement *certamente.*

Certificat *certificato.*

Ces *questi.*

C'est pourquoi *ecco perché.*

C'est tout *è tutto.*

Chacun(e) *ciascuno (a).*

Chaîne *catena.*

Chaise *sedia.*

Chaleur *calore.*

Chaloupe *scialuppa.*

Chambre *camera.*

Chance *fortuna.*

Change *cambio.*

Changement *cambiamento.*

Changer *cambiare.*

Chanson *canzone.*

Chant *canto.*
Chapeau *cappello.*
Chapelle *cappella.*
Chaque *ogni.*
Charbon *carbone.*
Charcutier *salumiere.*
Charge *carica.*
Chariot *carrello.*
Chasser *cacciare.*
Château *castello.*
Chaud(e) *caldo (a).*
Chauffage *riscaldamento.*
Chauffer *riscaldare.*
Chauffeur *autista.*
Chaussure *scarpa.*
Chemin *cammino, sentiero.*
Chemise *camicia.*
Chèque *assegno.*
Cher (ère) *caro (a).*
Chercher *cercare.*
Chéri(e) *caro (a).*
Cheval *cavallo.*
Cheveux *capelli.*
Chien(ne) *cane, cagna.*
Choc *choc.*
Chiffon *straccio.*
Chiffre *cifra.*
Choisir *scegliere.*
Chose *cosa.*
Chute *caduta.*
Ciel *cielo.*
Cigare *sigaro.*
Cigarette *sigaretta.*

Cinéma *cinema.*
Cintre *attaccapanni.*
Cirage *lucido da scarpe.*
Circonstance *circostanza.*
Circuit *circuito.*
Circulation *traffico,*
  circolazione.
Ciseaux *forbici.*
Citoyen *cittadino.*
Citron *limone.*
Clair *chiaro.*
Classe *classe.*
Clavicule *clavicola.*
Clef *chiave.*
Client *cliente.*
Climat *clima.*
Cloche *campana.*
Clocher *campanile.*
Clou *chiodo.*
Cochon *maiale.*
Code *codice.*
Cœur *cuore.*
Coiffeur *parrucchiere.*
Coin *angolo.*
Col *collo, (géo.) valico.*
Colère *collera.*
Colis *pacco.*
Colle *colla.*
Collection *collezione.*
Collier *collana.*
Colline *collina.*
Collision *collisione.*
Colonne *colonna.*

Coloré *colorato.*

Combien *quanto.*

Comestible *commestibile.*

Commandant *comandante.*

Commande *comando.*

Commander *comandare.*

Comme *come.*

Commencement *inizio.*

Comment *come.*

Commissariat
  commissariato.

Commode *facile.*

Commun(ne) *comune.*

Communication
  comunicazione.

Compagnon *compagno.*

Comparaison *paragone,*
  confronto.

Comparer *confrontare.*

Compartiment
  scompartimento.

Compatriote *compatriota.*

Complet *completo.*

Complètement
  completamente.

Composer *comporre.*

Comprendre *capire.*
  Se faire comprendre
  farsi
  capire.

Comprimé *compressa.*

Compris *capito, compreso.*

Compte bancaire *conto in*
  banca.

Compter *contare.*

Concerner *concernere,*
  riguardare.

Concert *concerto.*

Concierge *guardiano.*

Condition *condizione.*

Condoléances
  condoglianze.

Conducteur *conducente.*

Conduire *condurre.*

Conduite *guida,*
  (comportement)
  contegno.

Confiance *fiducia.*

Confirmer *confermare.*

Confiture *confettura,*
  marmellata.

Confondre *confondere.*

Confort *conforto, comodità.*

Confortable *confortevole.*

Congé *congedo.*

Connaissance *conoscenza.*

Connaître *conoscere.*

Consciencieux (se)
  coscenzioso (a).

Conseiller *consigliare.*

Consentir *acconsentire.*

Conserver *conservare.*

Considérable *considerevole.*

Considérer *considerare.*

Consigne *consegna,*
  deposito
  bagagli.

Consommation
  consumazione.

Consommer *consumare,*
    bere,
    mangiare.
Constater *constatare.*
Constitution *costituzione.*
Construire *costruire.*
Consulat *consolato.*
Contact *contatto.*
Contenir *contenere.*
Content *contento.*
Contenu *contenuto.*
Continuer *continuare.*
Contraceptif *contraccettivo.*
Contraire *contrario.*
    Au contraire *al*
    contrario.
Contrat *contratto.*
Contre *contro.*
Contrôle *controllo.*
Contrôleur *controllore.*
Convaincre *convincere.*
Convenir *convenire, essere*
    d'accordo.
Conversation
    conversazione.
Coq *gallo.*
Corde *corda.*
Cordial(e) *cordiale.*
Cordonnier *calzolaio.*
Corps *corpo.*
Corpulent(e) *corpulento (a).*
Correct(e) *corretto (a).*
Correspondance
    corrispondenza.

Corriger *correggere.*
Costume *abito.*
Côte *costa.*
Côté *lato.*
Coton *cotone.*
Cou *collo.*
Coucher *coricarsi.*
Couchette *cuccetta.*
Coude *gomito.*
Coudre *cucire.*
Couler *colare.*
Couleur *colore.*
Coup *colpo.*
Coupable *colpevole.*
Couper *tagliare.*
Couple *coppia.*
Coupon *scampolo, ritaglio.*
Cour *corte, (justice) cortile.*
Courant *corrente.*
Courir *correre.*
Courrier *posta.*
Courroie *cinghia.*
Cours *corso.*
Court(e) *corto (a).*
Cousin(e) *cugino (a).*
Coût *costo.*
Couteau *coltello.*
Coûter *costare.*
Coûteux *costoso.*
Coutume *costume, usanza.*
Couturier *sarto.*
Couvent *convento.*
Couvert *coperto.*

Couverture *coperta*.
Couvrir *coprire*.
Cracher *sputare*.
Craindre *temere*.
Crayon *matita*.
Crédit *credito*.
Créer *creare*.
Crème *crema*, (lait) *panna*.
Crier *gridare*.
Critiquer *criticare*.
Croire *credere*.
Croisière *crociera*.
Cru(e) *crudo (a)*.
Cueillir *cogliere*.
Cuiller *cucchiaio*.
Cuir *cuoio*.
Cuire *cuocere*.
Cuisine *cucina*.
Cuisiner *cucinare*.
Cuisinier (ère) *cuoco(a)*.
Cuisinière à gaz *cucina a gas*.
Cuisse *coscia*.
Curé *parroco*.
Curieux (se) *curioso (a)*.
Curiosité *curiosità*.

Dame *signora*.
Danger *pericolo*.
Dans *nel*.
Danse *danza*.
Danser *ballare*.
Date *data*.

Davantage *di più*.
De *di*.
Débarquement *sbarco*.
Débarquer *sbarcare*.
Débile *debole*.
Debout *in piedi*.
Débrancher *staccare*.
Début *inizio*.
  Au début *all'inizio*.
Débuter *cominciare*.
Décembre *dicembre*.
Décent *decente*.
Décevoir *deludere*.
Décharger *scaricare*.
Déchirer *strappare*.
Décidé *deciso*.
Décider *decidere*.
Décision *decisione*.
Déclaration *dichiarazione*.
Déclarer *dichiarare*.
Décollage *decollo*.
Décommander *disdire*.
Décompte *defalco, sconto*.
Déconseiller *sconsigliare*.
Décourager *scoraggiare*.
Découvrir *scoprire*.
Décrire *descrivere*.
Déçu(e) *deluso (a)*.
Dedans *all'interno, dentro*.
Dédommager *risarcire, compensare*.
Dédouaner *sdoganare*.
Défaire *disfare*.

Défaut *difetto*.

Défavorable *sfavorevole*.

Défectueux (se) *difettoso (a)*.

Défendre *difendere*.

Définir *definire*.

Dégât *guasto*.

Dehors *fuori*.

Déjà *già*.

Déjeuner *pranzare*.

Délai *proroga*.

Délicat(e) *delicato (a)*.

Délit *delitto*.

Délivrer *liberare*.

Demain *domani*.

Demander *domandare*.

Démarrer *slanciarsi, salpare*.

Déménager *traslocare*.

Demi(e) *mezzo (a)*.

Démodé *fuori moda*.

Demoiselle *signorina*.

Denrées alimentaires *generi alimentari*.

Dent *dente*.

Dentelle *merletto*.

Dentifrice *dentifricio*.

Dentiste *dentista*.

Départ *partenza*.

Dépasser *superare*.

Dépêcher *spicciarsi, affrettarsi*.

Dépense *spesa*.

Dépenser *spendere*.

Déplaire *spiacere*.

Déplaisant(e) *spiacevole*.

Déposer *deporre*.

Depuis *da*.

Dérangement *disturbo*.

Déranger *disturbare*.

Dérégler *sregolare*.

Dernier (ère) *ultimo (a)*.

Derrière *dietro*.

Dès que *non appena*.

Désagréable *sgradevole*.

Descendre *scendere*.

Descente *discesa*.

Description *descrizione*.

Désert *deserto*.

Désespéré *disperato*.

Déshabiller *svestire*.

Désinfecter *disinfettare*.

Désirer *desiderare*.

Désordre *disordine*.

Dessiner *disegnare*.

Dessous *sotto*.

Dessus *sopra*.

Destinataire *destinatario*.

Destination *destinazione*.

Détachant *smacchiante*.

Détail *dettaglio*.

Détour *svolta*.

Détruire *distruggere*.

Dette *debito*.

Deuxième *secondo*.

Deuxièmement *in secondo luogo*.

Devant *davanti.*
Développement *sviluppo.*
Développer *sviluppare.*
Devenir *diventare, divenire.*
Déviation *deviazione.*
Deviner *indovinare.*
Devises *valuta.*
Devoir *dovere.*
Diarrhée *diarrea.*
Dictionnaire *dizionario.*
Dieu *dio.*
Différence *differenza.*
Différent(e) *differente.*
Différer *essere differente, differire.*
Difficile *difficile.*
Difficulté *difficoltà.*
Dimanche *domenica.*
Diminuer *diminuire.*
Dîner *cenare.*
Dire *dire.*
Directement *direttamente.*
Directeur *direttore.*
Direction *direzione.*
Disparaître *sparire.*
Dispute *disputa.*
Distance *distanza.*
Distinguer *distinguere.*
Distraction *distrazione.*
Distraire *distrarre.*
Distributeur *distributore.*
Distributeur de billets *sportello automatico.*

Diviser *dividere.*
Dix *dieci.*
Dizaine *decina.*
Docteur *dottore.*
Document *documento.*
Doigt *dito.*
Domaine *tenuta, dominio.*
Domicile *domicilio.*
Dommage *peccato.*
Donc *dunque.*
Donner *dare, donare.*
Dont *di cui.*
Dormir *dormire.*
Dos *schiena.*
Douane *dogana.*
Douanier *doganiere.*
Double *doppio.*
Doubler *doppiare, sorpassare.*
Doucement *lentamente, dolcemente.*
Douche *doccia.*
Douleur *dolore.*
Douloureux (se) *doloroso (a).*
Doute *dubbio.*
Douteux *dubbioso.*
Doux (ce) *dolce.*
Douzaine *dozzina.*
Drap *lenzuolo.*
Droit(e) *diritto (a)*
    À droite *a destra.*
Dune *duna.*
Dur(e) *duro (a).*

Durée *durata.*
Durer *durare.*
Dureté *durezza.*

Eau *acqua.*
Écart *scarto.*
Échanger *scambiare.*
Échantillon *campione.*
Échelle *scala.*
Éclair *lampo.*
Éclairer *illuminare.*
École *scuola.*
Économiser *economizzare.*
Écouter *ascoltare.*
Écouteur *ricevitore.*
Écrire *scrivere.*
Édifice *edificio.*
Éducation *educazione.*
Effet *effetto.*
Efficace *efficace.*
Efforcer (s') *sforzare (rsi).*
Effort *sforzo.*
Effrayer *impaurire.*
Égal(e) *uguale.*
Égarer *perdere.*
Église *chiesa.*
Élection(s) *elezione (i).*
Éloigné *allontanato.*
Emballage *imballaggio.*
Embrasser *abbracciare.*
Émission *trasmissione.*
Emmener *portare.*
Empêcher *impedire.*

Empire *impero.*
Emploi *impiego.*
Employé *impiegato.*
Employer *impiegare.*
Emporter *portar con sè.*
Emprunter *prender in prestito.*
Ému *commosso.*
Encore *ancora.*
Endommager *danneggiare.*
Endormir *addormentare.*
Endroit *luogo.*
Enfant *bambino.*
Enfin *infine.*
Enflammer *infiammare.*
Enflure *gonfiore.*
Enlever *rimuovere.*
Ennuyeux *noioso.*
Enseigner *insegnare.*
Ensemble *insieme.*
Ensuite *dopo.*
Entendre *udire, sentire.*
Enthousiasme *entusiasmo.*
Entier (ère) *intero (a).*
Entracte *intervallo.*
Entraider *aiutarsi.*
Entre *tra.*
Entrée *entrata.*
Entreprise *impresa.*
Entrer *entrare.*
Enveloppe *busta.*
Envers *verso.*
   À l'envers *a rovescio.*

Environ *circa.*

Environs *dintorni.*

Épais *spesso, folto.*

Épaule *spalla.*

Épeler *compitare.*

Épicerie *drogheria.*

Épices *spezie.*

Épidémie *epidemia.*

Épingle *spillo.*

Époque *epoca.*

Épouvantable *spaventoso.*

Époux (se) *sposo (a).*

Épuisé *esaurito, esausto.*

Équipage *equipaggio.*

Équipe *squadra.*

Équipement
    equipaggiamento.

Équiper *allestire, attrezzare.*

Équitation *equitazione.*

Équivalent *equivalente.*

Erreur *errore.*

Escale *scalo.*

Escalier *scala.*

Escroquerie *truffa.*

Espace *spazio.*

Espèces *specie.*

Espérer *sperare.*

Essayer *provare.*

Essence *benzina.*

Est *est.*

Estimer *stimare.*

Estomac *stomaco.*

Et *e.*

Étage *piano.*

État *stato.*

Été *estate.*

Éteindre *spegnere.*

Étendre (s') *stendere (rsi).*

Étoile *stella.*

Étonner *stupire.*

Étranger *straniero.*

Être *essere.*

    C'est, ce n'est pas *è,
    non è.*

Étroit *stretto.*

Étude(s) *studio (studi).*

Étudier *studiare.*

Euro *euro.*

Europe *Europa.*

Européen *europeo.*

Évacuer *evacuare,
    sgombrare.*

Évanouir (s') *svenire.*

Événement *avvenimento.*

Éventuellement
    eventualmente.

Évident *evidente.*

Éviter *evitare.*

Exact *esatto.*

Examiner *esaminare.*

Excédent *eccedente.*

Excellent *eccellente.*

Exception *eccezione.*

Excursion *escursione.*

Excuse *scusa.*

Excuser (s') *scusare (rsi).*

Exercer (s') *esercitare (rsi).*

Exercice *esercizio*.

Expédition *spedizione*.

Expérience *esperienza*.

Expirer *spirare*.

Expliquer *spiegare*.

Exportation *esportazione*.

Exprès *apposta*.

Express *(café) espresso*, *(train) espresso*.

Exquis *squisito*.

Extérieur *esteriore*.
    À l'extérieur :
    all'esterno.

Extincteur *estintore*.

Extraordinaire
    straordinario.

Ex-voto *voto*.

Fabriqué à *fabbricato a*.

Face *di fronte, faccia*.

Fâché *arrabbiato*.

Fâcheux *increscioso*.

Facile *facile*.

Facilité *facilità*.

Façon *modo*.

Facteur *postino*.

Facture *fattura*.

Faible *debole*.

Faim *fame*.

Faire *fare*.

– des achats – *spese*.

– attention – *attenzione*.

– demi-tour – *dietro front*.

– marche arrière *tornare indietro*.

Fait *fatto*.

Falloir *occorrere, convenire*.

Famille *famiglia*.

Fatigant(e) *faticoso (a)*.

Fatiguer *affaticare*.

Faut (il) *bisogna*.

Faute *errore*.

Faveur *favore*.

Féliciter *felicitare*.

Féminin(e) *femminile*.

Femme *donna*.

Fenêtre *finestra*.

Fer *ferro*.

Ferié *festivo*.

Ferme *(propriété) fattoria*, *(adj.) fermo*.

Fermé *chiuso*.

Fermer *chiudere*.

Fermeture *chiusura*.

Féroce *feroce*.

Ferroviaire *ferroviario*.

Ferry-boat *ferry-boat, traghetto*.

Fête *festa*.

Fêter *festeggiare*.

Feu *fuoco*.

Feuille *(arbre) foglia*, *(papier) foglio*.

Février *febbraio*.

Fiancé(e) *fidanzato (a)*.

Ficelle *spago*.

Fièvre *febbre*.

Fil *filo.*
File *fila.*
Filet *(viande) filetto, rete.*
Fille *ragazza.*
Film *film.*
Fils *figlio.*
Filtre *filtro.*
Fin *(nom) fine, (adj.) fino (a).*
Firme *ditta.*
Fixer *fissare.*
Flamme *fiamma.*
Fleur *fiore.*
Fleurir *fiorire.*
Fleuve *fiume.*
Foi *fede.*
Foie *fegato.*
Foire *fiera.*
Fois *volta.*
Fonctionnaire *funzionario.*
Fonctionner *funzionare.*
Fond *fondo.*
Force *forza.*
Forêt *foresta.*
Formation *formazione.*
Forme *forma.*
Former *formare.*
Formidable *formidabile.*
Formulaire *formulario.*
Fort(e) *forte.*
Fou, folle *pazzo, pazza.*
Foulard *foulard, fazzoletto.*
Foule *folla.*

Fourchette *forchetta.*
Fournir *fornire.*
Fourrure *pelliccia.*
Fragile *fragile.*
Frais (fraîche) *fresco (a).*
Français *francese.*
France *Francia.*
Frapper *colpire.*
Fraude *frode, inganno.*
Frein(s) *freno (i).*
Fréquent(e) *frequente.*
Frère *fratello.*
Frire *friggere.*
Froid(e) *freddo (a).*
Fromage *formaggio.*
Frontière *frontiera.*
Frotter *strofinare.*
Fruit *frutta.*
Fuite *fuga, perdita.*
Fumé *affumicato.*
Fumée *fumo.*
Fumer *fumare.*
Fumeur *fumatore.*
Funiculaire *funicolare.*
Furieux *furioso.*
Fusible *fusibile.*
Fusil *fucile.*
Futur *futuro.*

Gagner *vincere.*
Gai(e) *gaio (a), lieto (a), allegro(a).*
Gain *vincita.*

Galerie *galleria.*

Gant *guanto.*

Garage *garage.*

Garantie *garanzia.*

Garçon *ragazzo,*
  (de café) *cameriere.*

Garder *tenere.*

Gardien *guardiano.*

Gare *stazione.*

Garer (se) *parcheggiare.*

Gasoil *gasolio.*

Gâteau *dolce.*

Gauche *sinistra.*

Gaz *gas.*

Geler *gelare.*

Général *generale.*

Gens *gente.*

Gentil *gentile.*

Gérant *amministratore.*

Gibier *selvaggina.*

Glace *gelato,*
  (miroir) *specchio.*

Gonfler *gonfiare.*

Gorge *gola.*

Goût *gusto.*

Goutte *goccia.*

Grâce à *grazie a.*

Grand *grande.*

Grandeur *grandezza.*

Grandir *diventar grande,*
  ingrandirsi.

Grand-mère *nonna.*

Grand-père *nonno.*

Gras(se) *grasso (a).*

Gratuit(e) *gratuito (a).*

Grave *grave.*

Grève *sciopero.*

Grille *griglia.*

Griller *grigliare.*

Grimper *arrampicarsi.*

Grippe *influenza.*

Gris(e) *grigio (a).*

Gros *grosso.*

Grossier (ère) *grossolano,*
  rozzo.

Grossir *ingrossare.*

Groupe *gruppo.*

Guêpe *vespa.*

Guérir *guarire.*

Guichet *sportello.*

Guide *guida.*

Guider *guidare.*

Habiller (s') *vestire (rsi).*

Habitant *abitante.*

Habiter *abitare.*

Habitude *abitudine.*

Habituellement
  d'abitudine.

Habituer (s') *abituare (rsi).*

Hacher *macinare, tritare.*

Hanche *anca.*

Haricot *fagiolo.*

Hasard *caso.*

Hâte *fretta.*

Haut(e) *alto (a).*
  En haut : *in alto.*

Hauteur *altezza.*
Hebdomadaire *settimanale.*
Herbe *erba.*
Heure *ora.*
Heureux *felice.*
Heureusement
      fortunatamente.
Hier *ieri.*
Histoire *storia.*
Hiver *inverno.*
Homard *gambero di mare.*
Homme *uomo.*
Honnête *onesto.*
Honneur *onore.*
Honoraires *onorari.*
Honte *vergogna.*
Hôpital *ospedale.*
Horaire *orario.*
Horrible *orribile.*
Hors de *fuori da.*
Hors-d'œuvre *antipasto.*
Hors saison *fuori stagione.*
Hors taxe *esente da tassa.*
Hospitalité *ospitalità.*
Hôte *ospite.*
Hôtel *hotel, albergo.*
Hôtel de ville *municipio.*
Hôtesse *ospite.*
Huile *olio.*
Huître *ostrica.*
Humeur *umore.*
Humide *umido.*
Humour *ironia, humor.*

Hutte *capanna.*

Ici *qui.*
Idéal(e) *ideale.*
Idée *idea.*
Idiot(e) *idiota.*
Il, ils, lui, eux *egli, loro, lui,
      essi.*
Il y a *c'è.*
Ile *isola.*
Illégal(e) *illegale.*
Image *immagine.*
Imbécile *imbecille.*
Immatriculation
      immatricolazione.
Immédiat(e) *immediato.*
Immeuble *immobile.*
Immigration *immigrazione.*
Immunisation
      immunizzazione.
Immunisé *immunizzato.*
Immunité *immunità.*
Impatient(e) *impaziente.*
Imperméable
      impermeabile.
Important *importante.*
Importer *importare.*
Importuner *importunare.*
Impossible *impossibile.*
Impôt *tassa.*
Impression *impressione.*
Imprimer *imprimere.*
Imprudent(e) *imprudente.*
Inadvertance *inavvertenza.*

Inattendu(e) *inatteso (a).*
Incapable *incapace.*
Incendie *incendio.*
Incertain(e) *incerto (a).*
Incident *incidente.*
Inclure *includere.*
Inclus *incluso.*
Inconfortable *scomodo.*
Inconnu(e) *sconosciuto (a).*
Inconvénient
     inconveniente.
Incroyable *incredibile.*
Indécent *indecente.*
Indécis(e) *indeciso (a).*
Indépendant(e)
     indipendente.
Indéterminé *indeterminato.*
Indication *indicazione.*
Indice *indice.*
Indigestion *indigestione.*
Indiquer *indicare.*
Indispensable
     indispensabile.
Individuel *individuale.*
Industrie *industria.*
Inefficace *inefficace.*
Inévitable *inevitabile.*
Infecté *infettato.*
Infectieux (se) *infettivo (a).*
Infection *infezione.*
Infirme *infermo.*
Infirmière *infermiera.*
Inflammable *Infiammabile.*

Information *informazione.*
Informer *informare.*
Injection *iniezione,*
     puntura.
Injuste *ingiusto.*
Innocent(e) *innocente.*
Inondation *inondazione.*
Inquiet (ète) *inquieto (a).*
Inscrire *inscrivere.*
Insecte *insetto.*
Insecticide *insetticida.*
Insignifiant *insignificante.*
Insister *insistere.*
Insolation *insolazione.*
Insomnie *insonnia.*
Installation *installazione.*
Instant *istante, momento.*
Instruction *istruzione.*
Instrument *strumento.*
Insuffisant(e) *insufficiente.*
Insuline *insulina.*
Insupportable
     insopportabile.
Intelligence *intelligenza.*
Intelligent(e) *intelligente.*
Intensif *intensivo.*
Intercontinental
     intercontinentale.
Intéressant *interessante.*
Intéresser (s') *interessare*
     (rsi).
Intérêt *interesse.*
Intérieur *interno, interiore.*
     À l'intérieur *all'interno.*

Intermédiaire *intermediario*.
International(e) *internazionale*.
Interprète *interprete*.
Interroger *interrogare*.
Interrompre *interrompere*.
Interrupteur *interruttore*.
Interruption *interruzione*.
intervalle *intervallo*.
Intonation *intonazione*.
Intoxication *intossicazione*.
Inutile *inutile*.
Inventer *inventare*.
Inversement *inversamente, all'opposto*.
Invitation *invito*.
Inviter *invitare*.
Invraisemblable *inverosimile*.
Irrégulier (ère) *irregolare*.
Irrité *irritato, arrabbiato*.
Itinéraire *itinerario*.

Jaloux (se) *geloso (a)*.
Jamais *mai*.
Jambe *gamba*.
Jambon *prosciutto*.
Janvier *gennaio*.
Jardin *giardino*.
Jaune *giallo*.
Je *io*.
Jetée *diga, gettata*.
Jeter *gettare, buttare*.

Jeton *gettone*.
Jeu *gioco*.
Jeudi *giovedí*.
Jeun (à) *digiuno (a)*.
Jeune *giovane*.
Jeûne *digiuno*.
Jeunesse *giovinezza*.
Joaillerie *gioielleria*.
Joie *gioia*.
Joindre *congiungere, unire*.
Joli(e) *carino (a)*.
Jonction *congiunzione, ricongiungimento*.
Jouer *giocare*.
Jouet *giocattolo*.
Jour *giorno*.
– férié – *festivo*.
– ouvrable – *feriale*.
– de l'an *capodanno*.
Journal *giornale*.
Journée *giornata*.
Joyau *gioiello*.
Joyeux (se) *gioioso (a), allegro (a)*.
Juge *giudice*.
Juger *giudicare*.
Juillet *luglio*.
Juin *giugno*.
Jumeau (elle) *gemello (a)*.
Jumelles *binocolo*.
Jument *giumenta*.
Jupe *gonna*.
Juridique *giuridico*.

Jus *succo*.
Jusqu'à *fino a che, fino a*.
Jusque *fino*.
Juste *giusto*.
Justice *giustizia*.

Kilogramme *chilogrammo*.
Kilomètre *chilometro*.
Kiosque *chiosco, edicola*.
Klaxon *clacson*.

Là *là*.
Là-bas *laggiù*.
Là-haut *lassù*.
Lac *lago*.
Lacet *laccio*.
Laid *brutto*.
Laine *lana*.
Laisser *lasciare*.
Laisser-passer
    lasciapassare.
Lait *latte*.
Lampe *lampada*.
– de poche *torcia*.
Langue *lingua*.
Lapin *coniglio*.
Large *largo*.
Largeur *larghezza*.
Lavabo *lavabo*.
Laver *lavare*.
Laverie *lavanderia*.
Le, la, les *il, la, i*.
Leçon *lezione*.

Légal *legale*.
Léger (ère) *leggero (a)*.
Légumes *ortaggi, verdura*.
Lent *lento*.
Lentement *lentamente*.
Lentilles *lenticchie*.
Lequel, laquelle *quale*.
Lessive *bucato*.
Lettre *lettera*.
Leur *loro*.
Lever (se) *alzare (rsi)*.
Levier *leva*.
Lèvre *labbra*.
Libre *libero*.
Licence *licenza*.
Licite *lecito*.
Lier *legare*.
Lieu *luogo*.
Ligne *linea*.
Linge *biancheria*.
Liquide *liquido*.
Lire *leggere*.
Liste *lista*.
Lit *letto*.
Litige *litigio, baruffa*.
Litre *litro*.
Livre *libro*.
Livrer *consegnare*.
Localité *località*.
Locataire *colui che affitta*.
Location *affitto*.
Loge *loggia*.
Loi *legge*.

Loin *lontano.*
Loisir *agio, riposo.*
Long(ue) *lungo (a).*
Longueur *lunghezza.*
Lotion *lozione.*
Louer *affittare.*
Lourd(e) *pesante.*
Loyer *affitto.*
Lui *lui.*
Lumière *luce.*
Lumineux *luminoso.*
Lundi *lunedì.*
Lune *luna.*
Lunettes *occhiali.*
Luxe *lusso.*
Luxueux *lussuoso.*

Mâchoire *mascella.*
Madame *signora.*
Mademoiselle *signorina.*
Magazin *negozio.*
Magnifique *magnifico.*
Mai *maggio.*
Maigre *magro.*
Maillot de bain *costume da bagno.*
Main *mano.*
Maintenant *ora.*
Mairie *municipio.*
Mais *ma.*
Maison *casa.*
Maître d'hôtel *maggiordomo.*

Majorité *maggioranza.*
Mal *male.*
    Avoir mal *aver male.*
Malade *malato.*
Maladie *malattia.*
Mâle *maschio.*
Malheureusement *sfortunatamente.*
Malheureux (se) *sfortunato (a), infelice.*
Malhonnête *disonesto.*
Malsain *malsano, insalubre.*
Manger *mangiare.*
Manière *maniera.*
Manifestation *manifestazione.*
Manifestement *apertamente, palese.*
Manque *mancanza.*
Manquer *mancare.*
Manteau *cappotto.*
Manuel *manuale.*
Maquillage *trucco.*
Marchand(e) *mercante, mercantessa.*
Marchander *contrattare.*
Marchandise *merce.*
Marcher *camminare.*
Mardi *martedì.*
Marée basse *bassa marea.*
– haute *alta marea.*
Mari *marito.*
Mariage *matrimonio.*

Marié(e) *sposato (a)*.

Marier (se) *sposare (rsi)*.

Marin *marinaio*.

Marine *marina*.

Maroquinerie *valigeria*.

Marque *marca*.

Marraine *madrina*.

Marron *marrone*.

Mars *marzo*.

Marteau *martello*.

Masculin(e) *maschile*.

Masque *maschera*.

Massage *massaggio*.

Match *partita*.

Matelas *materasso*.

Matériel *materiale*.

Matin *mattina*.

Mauvais(e) *cattivo (a)*.

Maximum *massimo*.

Mécanicien *meccanico*.

Mécanisme *meccanismo*.

Méchant(e) *cattivo (a), malvagio (a)*.

Mécontent(e) *scontento (a)*.

Médecin *medico*.

Médical(e) *medico (a)*.

Médicament *medicina*.

Médiocre *mediocre*.

Méfier (se) *diffidare*.

Meilleur(e) *migliore*.

Mélange *miscuglio, mescolanza*.

Mélanger *mescolare*.

Membre *membro*.

Même *stesso*.

Mensonge *bugia, menzogna*.

Mensuel(le) *mensile*.

Mentir *mentire*.

Menu *menù*.

Mer *mare*.

Merci *grazie*.

Mercredi *mercoledì*.

Mère *madre*.

Merveilleux *meraviglioso*.

Message *messaggio*.

Messe *messa*.

Mesure *misura*.

Mesurer *misurare*.

Métal *metallo*.

Météorologie *meteorologia*.

Mettre *mettere*.

Meuble *mobile*.

Meublé *ammobiliato*.

Meurtre *omicidio*.

Mexique *Messico*.

Microbe *microbo*.

Midi *mezzogiorno*.

Mieux *meglio*.

Migraine *emicrania*.

Mille *mille, (mesure) miglio*.

Million *milione*.

Mince *fino, sottile*.

Mine *mina*.

Minimum *minimo*.

Minuit *mezzanotte*.

Minute *minuto.*
Miroir *specchio.*
Mode *moda.*
Modèle *modello.*
Moderne *moderno.*
Moi *io.*
Moins (au) *meno, almeno.*
Mois *mese.*
Moitié *metà.*
Moment *momento.*
Mon, ma, mes *mio, mia, miei.*
Monastère *monastero.*
Monde *mondo.*
Monnaie *moneta.*
Monsieur *signore.*
Montagne *montagna.*
Montant *montante.*
Monter *montare.*
Montre *orologio.*
Montrer *mostrare.*
Monument *monumento.*
Morceau *pezzo.*
Mort(e) *morto (a).*
Mosquée *moschea.*
Mot *parola.*
Moteur *motore.*
Moto *moto.*
Mou *molle.*
Mouche *mosca.*
Mouchoir *fazzoletto.*
Mouillé *bagnato.*
Moule *(mollusque) cozza.*

Mourir *morire.*
Moustiquaire *zanzariera.*
Moustique *zanzara.*
Moutarde *senape.*
Mouton *montone.*
Mouvement *movimento.*
Moyen *medio.*
Mûr(e) *maturo (a).*
Mur *muro.*
Musée *museo.*
Musique *musica.*
Musulman *musulmano.*

Nage *nuoto.*
Nager *nuotare.*
Naissance *nascita.*
Naître *nascere.*
Nappe *tovaglia.*
Natation *nuoto.*
Nationalité *nazionalità.*
Nature *natura.*
Naturel(le) *naturale.*
Naufrage *naufragio.*
Nausée *nausea.*
Navigation *navigazione.*
Navire *nave, bastimento.*
Né(e) *nato (a).*
Ne pas, non plus *non, neanche.*
Nécessaire *necessario.*
Nécessité *necessità.*
Nef *nave.*
Négatif *negativo.*

Négligent(e) *negligente.*

Neige *neve.*

Neiger *nevicare.*

Nerveux (se) *nervoso (a).*

N'est-ce pas ? *no ?*

Nettoyer *pulire.*

Neuf *nuovo.*

Neveu *nipote.*

Nez *naso.*

Ni *ne.*

Nièce *nipote.*

Nier *negare.*

Niveau *livello.*

Noël *Natale.*

Nœud *nodo.*

Noir(e) *nero (a).*

Nom *cognome.*

Nombre *numero.*

Nombreux (se) *numeroso (a).*

Non *no.*

Nord *nord.*

Nord-est *nord-est.*

Nord-ouest *nord-ovest.*

Normal(e) *normale.*

Notre *nostro.*

Nourrissant(e) *nutriente.*

Nourriture *cibo.*

Nous *noi.*

Nouveau (elle) *nuovo (a).*

Nouvel An *Anno nuovo.*

Nouvelle *nuova.*

Novembre *novembre.*

Noyau *nocciolo.*

Noyer *noce.*

Nuage *nuvola.*

Nuire *nuocere.*

Nuisible *nocivo.*

Nuit *notte.*

Nulle part *da nessuna parte.*

Numéro *numero.*

Numéroter *numerare.*

Objectif *obiettivo.*

Objet *oggetto.*

Obligation *obbligo.*

Obligatoire *obbligatorio.*

Obscurité *oscurità.*

Observer *osservare.*

Obtenir *ottenere.*

Occasion *occasione.*

Occupé *occupato.*

Occuper (s') *occupare (rsi).*

Océan *oceano.*

Octobre *ottobre.*

Odeur *odore.*

Œil *occhio.*

Œuf *uovo.*

Œuvre *opera.*

Offense *offesa.*

Officiel(le) *ufficiale.*

Offrir *offrire.*

Oiseau *uccello.*

Ombre *ombra.*

Omelette *frittata.*

Omission *omissione, dimenticanza.*
On *si.*
Oncle *zio.*
Ongle *unghia.*
Onze *undici.*
Opéra *opera.*
Opération *operazione.*
Opérer *operare.*
Opinion *opinione.*
Opportun(e) *opportuno (a).*
Opposé *opposto.*
Opticien *ottico.*
Or *oro.*
Orage *temporale.*
Orange *arancia.*
Orchestre *orchestra.*
Ordinaire *abituale.*
Ordinateur *computer.*
Ordonnance *(méd.) ricetta.*
Ordre *ordine.*
Ordures *immondizie.*
Oreille *orecchio.*
Oreiller *guanciale, cuscino.*
Organisation *organizzazione.*
Organiser *organizzare.*
Orientation *orientamento.*
Orienter (s') *orientare (rsi).*
Originaire *originario.*
Original(e) *originale.*
Orteil *alluce.*
Orthographe *ortografia.*

Os *osso.*
Oser *osare.*
Oter *togliere, levare.*
Ou *o.*
Où *dove.*
Oublier *dimenticare.*
Ouest *ovest.*
Oui *si.*
Outil *utensile.*
Outre-mer *oltremare.*
Ouvert(e) *aperto (a).*
Ouvre-boîtes *apriscatole.*
Ouvrir *aprire.*

Pacotille *paccottiglia.*
Page *pagina.*
Paiement *pagamento.*
Paillasson *nettapiedi, zerbino.*
Paille *paglia.*
Pain *pane.*
Paire *paio.*
Paix *pace.*
Palais *palazzo.*
Pâle *pallido.*
Pamplemousse *pompelmo.*
Panier *paniere.*
Panne *guasto.*
Panneau *cartello.*
Pansement *fasciatura.*
Pantalon *pantaloni.*
Papeterie *cartoleria.*
Papier *carta.*

Papiers *documenti.*

Papillon *farfalla.*

Paquebot *piroscafo.*

Pâques *Pasqua.*

Paquet *pacchetto.*

Par *attraverso.*

Paraître *apparire,*
   mostrarsi.

Parapluie *ombrello.*

Parasol *ombrellone.*

Paravent *paravento.*

Parc *parco.*

Parce que *perchè.*

Parcmètre *parchimetro.*

Pardessus *cappotto.*

Pardon *perdono.*

Pardonner *perdonare.*

Pareil *simile.*

Parent *parente.*

Parents *(père, mère)*
   genitori.

Paresseux *pigro.*

Parfait(e) *perfetto (a).*

Parfum *profumo.*

Pari *scommessa.*

Panier *paniere.*

Parking *parcheggio.*

Parlement *parlamento.*

Parler *parlare.*

Parmi *tra.*

Parrain *padrino.*

Part *parte.*

Partager *dividere.*

Parti *partito.*

Partie *parte,* (jeu) *partita.*

Partir *partire.*

Partout *dappertutto.*

Pas *passo.*

Pas du tout *assolutamente*
   no.

Passage *passaggio.*

Passager (ère) *passeggero*
   (a).

Passé *passato.*

Passeport *passaporto.*

Passer *passare.*

Passe-temps *passatempo.*

Passionnant *avvincente.*

Pasteur *pastore, prete.*

Pastille *pastiglia.*

Pâte *pasticcio,*
   (alimentaire) *pasta.*

Patient *paziente.*

Patienter *pazientare.*

Patinage *pattinaggio.*

Pâtisserie *pasticceria.*

Patrie *patria.*

Patron(ne) *padrone (a).*

Paupière *palpebra.*

Pause *pausa.*

Pauvre *povero.*

Payable *pagabile.*

Payer *pagare.*

Pays *paese.*

Paysage *paesaggio.*

Péage *pedaggio.*

Peau *pelle.*
Pêche *pesca,* (fruit) *pesca.*
Pêcher *pescare.*
Pêcheur *pescatore.*
Pédicure *pedicure.*
Peigne *pettine.*
Peindre *dipingere.*
Peine *pena.*
    À peine *appena.*
Peintre *pittore.*
Peinture *pittura.*
Pelle *pala, badile.*
Pellicule *pellicola,*
    (cheveux) *forfora.*
Pelote *gomitolo.*
Pendant *durante.*
Penderie *guardaroba.*
Pendule *orologio, pendolo.*
Penser *pensare.*
Pension *pensione.*
Pente *discesa.*
Pentecôte *Pentecoste.*
Percolateur *macchina del*
    caffè.
Perdre *perdere.*
Père *padre.*
Périmé *scaduto.*
Période *periodo.*
Périphérie *periferia.*
Perle *perla.*
Permanent *permanente.*
Permettre *permettere.*
Permission *permesso.*

Personne *persona,*
    (nég.) *nessuno.*
Personnel *personale.*
Persuader *persuadere.*
Perte *perdita.*
Peser *pesare.*
Petit *piccolo.*
Petit déjeuner *colazione.*
Petit-fils (Petite-fille)
    nipote.
Petits-enfants *nipoti.*
Petit pain *panino.*
Peu *poco.*
Peuple *popolo.*
Peur *paura.*
Peut-être *forse.*
Pharmacie *farmacia.*
Photographe *fotografo.*
Photographier *fotografare.*
Phrase *frase.*
Pièce (morceau) *pezzo,*
    (monnaie) *moneta,*
    spicciolo.
Pied *piede.*
Piège *trappola.*
Pierre *pietra.*
Piéton *pedone.*
Pile *pila, batteria.*
Pilote *pilota.*
Pilule *pillola.*
Pince *pinza,*
    (à épiler) *pinzetta,*
    (à linge) *molletta per la*
    biancheria.

Pinceau *pennello.*
Pipe *pipa.*
Piquant *piccante.*
Piquer *pungere.*
Piqûre *puntura.*
Pire *peggio.*
Piscine *piscina.*
Piste *pista.*
Pitié *pietà.*
Pittoresque *pittoresco.*
Placard *armadio a muro.*
Place *piazza.*
Plafond *soffitto.*
Plage *spiaggia.*
Plaindre *compatire,
    compiangere.*
Plaine *pianura.*
Plainte *lamento, gemito.*
Plaire *piacere.*
Plaisanterie *scherzo.*
Plaisir *piacere.*
Plan *piano, pianta, mappa.*
Plancher *pavimento.*
Plante *pianta.*
Plat *piatto.*
Plateau *vassaio,
    (géo.) altipiano.*
Plein(e) *pieno (a).*
Pleurer *piangere.*
Pliant(e) *pieghevole.*
Plier *piegare.*
Plomb *piombo.*
Plombage *otturazione.*

Plonger *tuffarsi.*
Pluie *pioggia.*
Plume *piuma.*
Plus *più.*
Plus ou moins *più o meno.*
Plusieurs *molti, parecchi.*
Plutôt *piuttosto.*
Pneu *pneumatico.*
Pneumonie *polmonite.*
Poche *tasca.*
Poêle *(à frire) padella.*
Poids *peso.*
Poignée *maniglia.*
Point *punto.*
Pointe *punta.*
Pointure *numero.*
Poire *pera.*
Poison *veleno.*
Poisson *pesce.*
Poissonnier *pescivendolo.*
Poitrine *petto.*
Poivron *peperone.*
Police *polizia.*
Politesse *gentilezza.*
Politique *politica.*
Pommade *pomata.*
Pomme *mela.*
Pompe *pompa.*
Pompier *pompiere.*
Pont *ponte.*
Populaire *popolare.*
Population *popolazione.*
Porc *porco, (viande) maiale.*

Porcelaine *porcellana.*
Port *porto.*
Portail *portone.*
Portatif *portabile.*
Porte *porta.*
Porte-clefs *portachiave.*
Portefeuille *portafoglio.*
Portemanteau *attaccapanni.*
Porte-monnaie *portamonete.*
Porter *portare.*
Porteur *facchino, portatore.*
Portier *portinaio.*
Portion *porzione.*
Portrait *ritratto.*
Poser *posare.*
Position *posizione.*
Posséder *possedere.*
Possession *possessione.*
Possibilité *possibilità.*
Poste *posta.*
Pot *vaso.*
Potable *potabile.*
Potage *minestra.*
Poteau *palo, sostegno.*
Poterie *ceramica.*
Poubelle *pattumiera.*
Pouce *pollice.*
Poudre *polvere.*
Poulet *pollo.*
Poupée *bambola.*
Pour *per.*

Pourboire *mancia.*
Pourcentage *percentuale.*
Pour quoi *per che cosa.*
Pourquoi *perchè.*
Pourtant *però.*
Pousser *spingere.*
Poussière *polvere.*
Pouvoir *potere.*
Pratique *pratica.*
Pratiquer *praticare.*
Pré *prato.*
Précaution *precauzione.*
Précieux (se) *prezioso (a).*
Précision *precisione.*
Préférence *preferenza.*
Préférer *preferire.*
Premier (ère) *primo (a).*
Premiers secours *primi soccorsi.*
Prendre *prendere.*
Prénom *nome.*
Préoccupé *preoccupato.*
Préparé *preparato.*
Préparer *preparare.*
Près de *vicino a.*
Présenter *presentare.*
Préservatif *preservativo.*
Presque *quasi.*
Prêt(e) *pronto (a).*
Prêter *prestare.*
Prétexte *pretesto.*
Prêtre *prete.*
Preuve *prova.*

Prévenir *informare, prevenire, avvertire.*
Prévu *previsto.*
Prière *preghiera.*
Principal(e) *principale.*
Printemps *primavera.*
Prise *spina.*
– multiple *spina multipla.*
Prison *prigione.*
Privé(e) *privato (a).*
Prix *prezzo,*
(récompense) premio.
Probabilité *probabilità.*
Probable *probabile.*
Problème *problema.*
Prochain(e) *prossimo (a).*
Prochainement *prossimamente.*
Proche *vicino, presso, prossimo.*
Procuration *procura.*
Procurer *procurare.*
Produire *produrre.*
Professeur *professore.*
Profession *professione.*
Profond(e) *profondo (a).*
Programme *programma.*
Progrès *progresso.*
Projet *progetto.*
Projeter *progettare.*
Prolonger *prolungare.*
Promenade *passeggiata.*
Promesse *promessa.*
Promettre *promettere.*

Promotion *promozione.*
Promptitude *prontezza.*
Prononcer *pronunciare.*
Prononciation *pronuncia.*
Propos (à) *a proposito.*
Proposer *proporre.*
Proposition *proposizione.*
Propre *pulito.*
Propriétaire *proprietario.*
Propriété *proprietà.*
Prospectus *manifestino.*
Prostituée *prostituta.*
Protection *protezione.*
Protestant(e) *protestante.*
Protester *protestare.*
Prouver *provare.*
Provisions *provvisioni.*
Provisoire *provvisorio.*
Proximité *prossimità.*
Prudent(e) *prudente.*
Public *pubblico.*
Publicité *pubblicità.*
Puce *pulce.*
Puis *poi.*
Puissant(e) *potente.*
Puits *pozzo.*
Punaise *cimice.*
Pur *puro.*
Pus *pus.*

Quai *scalo, banchina.*
Qualifier *qualificare.*
Qualité *qualità.*

Quand *quando.*
Quantité *quantità.*
Quart *quarto.*
Quartier *quartiere.*
Que *che.*
Quel, quelle *quale.*
Quelles *quali.*
Quelque chose *qualche cosa.*
Quelquefois *qualche volta.*
Quelque part *in qualche posto.*
Quelques *qualche.*
Quelqu'un *qualcuno.*
Querelle *disputa, litigio.*
Qu'est-ce que *che cosa.*
Question *domanda.*
Queue *coda.*
Qui *chi.*
Quiconque *qualunque.*
Quincaillerie *chincaglieria.*
Quinine *chinino.*
Quittance *quietanza.*
Quitter *lasciare.*
Quoi *che.*
Quoique *benché, quantunque.*
Quotidien(ne) *quotidiano (a).*

Rabbin *rabbino.*
Raccommoder *raccomodare.*
Raccourcir *accorciare.*

Raconter *raccontare.*
Radiateur *calorifero, termosifone.*
Radio *radio.*
Radiographie *radiografia.*
Rafraîchissement *rinfresco.*
Rage *rabbia.*
Raide *rigido (a).*
Raisin *uva.*
Raison *ragione.*
Raisonnable *ragionevole.*
Ramer *remare.*
Rang *rango.*
Rapide *rapido.*
Rappeler *richiamare.*
Raquette *racchetta.*
Rare *raro.*
Raser (se) *radere (rsi).*
Rasoir *rasoio.*
Rat *ratto, topo.*
Ravissant(e) *incantevole.*
Rayon *raggio, (magasin) reparto.*
Réalité *realtà.*
Récemment *recentemente.*
Récépissé *ricevuta.*
Réception *ricevimento, (hôtel) réception.*
Recevoir *ricevere.*
Rechange *ricambio.*
Recharger *ricambiare.*
Réchaud *fornello.*
Recherche *ricerca.*

Récipient *recipiente.*
Réclamer *reclamare.*
Recommandation *raccommandazione.*
Recommander *raccomandare.*
Récompense *ricompensa.*
Récompenser *ricompensare.*
Reconnaissance *riconoscenza.*
Reconnaître *riconoscere.*
Rectangulaire *rettangolare.*
Reçu *ricevuta.*
Recueillir *raccogliere.*
Réduction *riduzione, sconto.*
Réel(le) *reale.*
Référer (se) *riferire (rsi).*
Refuser *rifiutare.*
Regard *sguardo.*
Regarder *guardare.*
Régime *dieta.*
Région *regione.*
Règle *regola.*
Règlement *regolamento.*
Régler *sistemare.*
Regret *rimpianto.*
Regretter *rimpiangere.*
Régulier (ère) *regolare.*
Régulièrement *regolarmente.*
Reine *regina.*
Réjouir *rallegrare.*

Relation *relazione.*
Relier *rilegare.*
Religieuse *religiosa.*
Religion *religione.*
Remboursement *rimborso.*
Remède *rimedio.*
Remerciement *ringraziamento.*
Remercier *ringraziare.*
Remise *sconto.*
Remorquer *rimorchiare.*
Remplacer *rimpiazzare.*
Remplir *riempiere.*
Remuer (se) *muovere (rsi).*
Rencontrer *incontrare.*
Rendez-vous *appuntamento.*
Rendre (se) *rendere (rsi).*
Renseignement *informazione.*
Renseigner (se) *informare (rsi).*
Réparation *riparazione*
Réparer *riparare.*
Repas *pasto.*
Repasser *stirare.*
Répéter *ripetere.*
Répondre *rispondere.*
Réponse *risposta.*
Repos *riposo.*
Reposer (se) *riposare (rsi).*
Représentation *rappresentazione.*
Réserve *riserva.*

Réserver *riservare,*
    (place) *prenotare.*
Résistant *resistente.*
Résoudre *risolvere.*
Respecter *rispettare.*
Respirer *respirare.*
Responsable *responsabile.*
Restaurant *ristorante.*
Rester *restare.*
Résultat *risultato.*
Retard *ritardo.*
Retarder *ritardare.*
Retenir *trattenere.*
Retour *ritorno.*
Rêve *sogno.*
Réveil *sveglia.*
Réveiller *svegliare.*
Revenir *ritornare.*
Révision *revisione.*
Rez-de-chaussée *piano*
    terra.
Rhume *raffreddore.*
Rhumatisme *reumatismo.*
Riche *ricco.*
Richesse *ricchezza.*
Rideau *tenda, sipario.*
Rien *niente.*
Rire *ridere.*
Rivière *riviera.*
Riz *riso.*
Robe *vestito.*
Robinet *rubinetto.*
Rocher *roccia.*

Roi *re.*
Rond *rotondo.*
Rond-point *rotonda.*
Rose *rosa.*
Rôti *arrosto.*
Rôtir *arrostire.*
Roue *ruota.*
Rouge *rosso.*
Rouler *arrotolare, rotolare.*
Route *strada.*
Royal(e) *reale.*
Rue *via.*
Ruelle *stradina.*
Ruisseau *ruscello.*
Rumeur *rumore.*
Rupture *rottura.*
Rusé(e) *furbo (a).*

Sa *sua.*
Sable *sabbia.*
Sac *(à main)* *borsa, sacco.*
Sachet *sacchetto.*
Saignant *sanguinante.*
Saignement *perdita di*
    sangue.
Saigner *sanguinare.*
Saint(e) *santo (a).*
Saisir *afferrare.*
Saison *stagione.*
Salade *insalata.*
Saleté *sporcizia, porcheria.*
Salle *sala.*
– à manger – *da pranzo.*

– d'attente – *d'attesa.*
– de bains – *il bagno.*
– de concert – *da concerto.*
Salon *salone, salotto.*
Saluer *salutare.*
Salut ! *ciao, saluto, salve.*
Samedi *sabato.*
Sandwich *panino.*
Sang *sangue.*
Sans *senza.*
Sans plomb *benzina verde.*
Santé *salute.*
Satisfait(e) *soddisfatto (a).*
Sauf *salvo.*
Sauter *saltare.*
Sauvage *selvaggio, selvatico.*
Sauver *salvare.*
Sauvetage *salvataggio.*
Savoir *sapere.*
Savon *sapone.*
Sec, sèche *secco, secca.*
Sécher *seccare, asciugare.*
Seconde *secondo.*
Secouer *agitare.*
Secourir *soccorrere.*
Secours *soccorso.*
Secret *segreto.*
Secrétaire *segretaria.*
Sécurité *sicurezza.*
Séjour *soggiorno.*
Séjourner *soggiornare.*
Sel *sale.*

Selon moi *secondo me.*
Semaine *settimana.*
Semelle *suola.*
Sens *senso.*
Sentier *sentiero.*
Sentiment *sentimento.*
Sentir *sentire.*
Séparer *separare.*
Septembre *settembre.*
Sermon *sermone, predica.*
Serpent *serpente.*
Serré *stretto.*
Serrure *serratura.*
Serveur (se) *cameriere (a).*
Service *servizio.*
Serviette *(table) tovagliolo, (bain) asciugamano.*
Servir *servire.*
Seul(e) *solo (a).*
Seulement *solamente.*
Sexe *sesso.*
Si *se.*
Siècle *secolo.*
Siège *sedia, sedile.*
Signal *segnale.*
Signalement *segnalazione.*
Signaler *segnalare.*
Signature *firma.*
Signe *segno.*
Signer *firmare.*
Signification *significato.*
Signifier *significare.*
S'il vous plaît *per favore.*

Silence *silenzio.*

Silencieux *silenzioso.*

Simple *semplice.*

Sincère *sincero.*

Sinon *sennò.*

Site *luogo, sito.*

Situation *situazione.*

Skier *sciare.*

Sobre *sobrio.*

Sœur *sorella.*

Soie *seta.*

Soif *sete.*

Soigner *curare.*

Soin *cura.*

Soir *sera.*

Soirée *serata.*

Sol *suolo.*

Soldat *soldato.*

Soldes *saldi.*

Soleil *sole.*

Solennel *solenne.*

Solide *solido.*

Sombre *oscuro, buio.*

Somme *somma.*

Sommeil *sonno.*

Sommet *sommità, vetta.*

Somnifère *sonnifero.*

Son *suono,* (pron.) *suo.*

Sonnette *campanello.*

Sorte *specie, sorta.*

Sortie *uscita.*

Sortir *uscire.*

Souci *preoccupazione.*

Soucieux (se) *preoccupato (a).*

Soudain *(adv.) all'improvviso.*

Souffle *soffio.*

Souffrir *soffrire.*

Soulever *sollevare.*

Soupe *zuppa, minestra.*

Sourd *sordo.*

Souris *topo.*

Sous *sotto.*

Sous-vêtements *biancheria intima.*

Soutien *appoggio.*

Souvenir *ricordo.*

Souvenir (se) *ricordarsi.*

Souvent *spesso.*

Spécial(e) *speciale.*

Spectacle *spettacolo.*

Spectateur *spettatore.*

Splendide *splendido.*

Sport *sport.*

Stade *stadio.*

Station *stazione.*

Stationnement *sosta.*

Stationner *sostare.*

Stop *stop, alt.*

Stupide *stupido.*

Succès *successo.*

Succursale *succursale.*

Sucre *zucchero.*

Sucré *zuccherato.*

Sud *sud.*

Sud-est *sud-est.*

Sud-ouest *sud-ovest.*

Suffire *bastare.*

Suisse *Svizzera.*

Suite *seguito.*

Suivant(e) *seguente.*

Suivre *seguire.*

Sujet *soggetto.*

Superflu(e) *superfluo (a).*

Supplément *supplemento.*

Supporter *sopportare.*

Supposer *supporre.*

Supposition *supposizione.*

Suppression *soppressione.*

Sur *sopra.*

Sûr(e) *sicuro (a).*

Surcharge *sovraccarico.*

Sûrement *sicuramente.*

Surpayer *pagare di più.*

Surpris *sorpreso.*

Surtaxe *supplemento di tassa.*

Surveillance *sorveglianza, vigilanza.*

Suspendre *sospendere.*

Ta *tua.*

Tabac *tabacco.*

Table *tavola.*

Tableau *quadro.*

Tabouret *sgabello.*

Tache *macchia.*

Taché *macchiato.*

Taille *taglia.*

Tailleur *sarto.*

Taire *tacere.*

Talon *calcagno, (chaussure) tacco.*

Tampons *timbri, (hyg.) assorbenti interni.*

Tant *tanto.*

Tant que *tanto che.*

Tante *zia.*

Tard *tardi.*

Tarif *tariffa.*

Tasse *tazza.*

Taureau *toro.*

Taux de change *tasso di cambio.*

Taxe *tassa.*

Taxi *taxi.*

Teinte *tinta.*

Teinture *tintura.*

Teinturerie *tintoria.*

Tel *tale.*

Télégramme *telegramma.*

Télégraphier *telegrafare.*

Téléphone *telefono.*

Téléphoner *telefonare.*

Télévision *tivù, televisione.*

Témoignage *testimonianza.*

Témoin *testimone.*

Température *temperatura, (méd.) febbre.*

Tempête *tempesta.*

Temps *tempo.*

Dictionnaire

Tendre *tenero, (verbe) tendere.*

Tenir *tenere.*

Tension *tensione, (méd.) pressione.*

Tente *tenda.*

Terminer *terminare, finire.*

Terminus *capolinea.*

Terrain *terreno.*

Terre *terra.*

Terrible *terribile.*

Tête *testa.*

Thé *tè.*

Thermomètre *termometro.*

Timbre *francobollo.*

Timide *timido (a).*

Tir *tiro.*

Tire-bouchon *cavatappi.*

Tirer *tirare.*

Tiroir *cassetto.*

Tissu *tessuto.*

Toi *tu, te.*

Toile *tela.*

Toilettes *gabinetto ; toilette.*

Toit *tetto.*

Tomate *pomodoro.*

Tomber *cadere.*

Ton *tuo.*

Tonne *tonnellata.*

Torchon *straccio.*

Tôt *presto.*

Total *totale.*

Toucher *toccare.*

Toujours *sempre.*

Tour *turno, (bât.) torre.*

Tourisme *turismo.*

Touriste *turista.*

Tout, toute, tous, toutes *tutto, tutta, tutti, tutte.*

Tout de suite *subito.*

Toux *tosse.*

Toxique *tossico.*

Trace *traccia.*

Traditionnel(le) *tradizionale.*

Traduction *traduzione.*

Traduire *tradurre.*

Train *treno.*

Traitement *trattamento.*

Trajet *tragitto.*

Tram *tram.*

Tranche *fetta.*

Tranquille *tranquillo.*

Tranquillisant *tranquillante.*

Transférer *trasferire.*

Transformateur *trasformatore.*

Transit *transito.*

Transmission *trasmissione.*

Transparent *transparente.*

Transpirer *sudare.*

Transporter *trasportare.*

Travail *lavoro.*

Travailler *lavorare.*

Travers (à) *attraverso.*

Traversée *traversata.*
Trempé *fradicio, bagnato.*
Très *molto.*
Triangle *triangolo.*
Tribunal *tribunale.*
Troisième *terzo.*
Tromper (se) *sbagliare (rsi).*
Trop *troppo.*
Trottoir *marciapiede.*
Trousse *astuccio,*
(toilette) beauty case.
Trouver *trovare.*
Tu *tu.*
Tumeur *tumore.*
Tunnel *tunnel, galleria.*
Tuyau *tubo.*
Tympan *timpano.*
Typique *tipico.*
Tyrol *Tirolo.*

Ulcère *ulcera.*
Un, une *un, una.*
Uni *unito.*
Uniforme *uniforme.*
Unique *unico.*
Urgence *urgenza.*
Urgent(e) *urgente.*
Urine *orina.*
Usage *uso.*
Usine *fabbrica.*
Ustensile *utensile.*
Usuel(le) *usuale.*
Utile *utile.*
Utiliser *utilizzare.*

Vacances *vacanze.*
Vaccin *vaccino.*
Vaccination *vaccinazione.*
Vache *vacca, (laitière) mucca.*
Vague (adj.) *vago,*
(mer) onda.
Vaisselle *stoviglie.*
Valable *valido.*
Valeur *valore.*
Valide *valido.*
Validité *validità.*
Valise *valigia.*
Vallée *valle.*
Valoir *valere.*
Varier *variare.*
Variété *varietà.*
Vaseline *vasellina.*
Vatican *Vaticano.*
Veau *vitello.*
Végétarien *vegetariano.*
Véhicule *veicolo.*
Velours *velluto.*
Vendeur *commesso,*
venditore.
Vendre *vendere.*
Vendredi *venerdì.*
Vendu *venduto.*
Venir *venire.*
Vent *vento.*
Vente *vendita.*
Ventilateur *ventilatore.*
Ventre *ventre.*
Verglas *lieve strato di*
ghiaccio.

Vérifier *verificare.*
Vérité *verità.*
Verre *vetro,*
  (p. boire) bicchiere.
Verrou *catenaccio.*
Vers *verso.*
Vert(e) *verde.*
Veste *giacca.*
Vêtement *abito, vestito.*
Vexé *offeso.*
Viande *carne.*
Vide *vuoto.*
Vie *vita.*
Vieille *vecchia.*
Vieux *vecchio.*
Vignoble *vigna.*
Vigoureux (se) *vigoroso (a).*
Villa *villa.*
Village *villaggio.*
Ville *città.*
Vin *vino.*
Vinaigre *aceto.*
Virer *stornare, voltare.*
Vis *vite.*
Visage *viso.*
Visibilité *visibilità.*
Visible *visibile.*
Visite *visita.*
Vite *presto, rapidamente.*
Vitesse *velocità.*
Vitre *vetro.*
Vitrine *vetrina.*
Vivant *vivente.*

Vivre *vivere.*
Voie *via, strada.*
Voir *vedere.*
Voisin(e) *vicino (a).*
Voiture *vettura, macchina,*
  automobile.
Voix *voce.*
Vol *(valeur) furto,*
  (avion) volo.
Voleur (se) *ladro (a).*
Volonté *volontà.*
Volontiers *volentieri.*
Vomir *vomitare.*
Voter *votare.*
Votre *vostro.*
Vous *voi.*
Voyage *viaggio.*
Voyager *viaggiare.*
Voyageur *viaggiatore.*
Vrai *vero.*
Vraiment *veramente.*
Vue *vista.*
Vulgaire *volgare.*
Vulnérable *vulnerabile.*

Wagon-lit *vagone-letto.*
Wagon-restaurant *vagone-*
  ristorante.
W.C. *(toilettes) gabinetto,*
  toilette.

Zéro *zero.*
Zone *zona.*

Index

A
B
C

Achevé d'imprimer en mars 2007 en Espagne par
LIBERDUPLEX
Sant Llorenç d'Hortons (08791)
Dépôt légal 1re publication : 1988
Dépôt légal édition 1 : mars 2007
Numéro d'éditeur : 84116
LIBRAIRIE GÉNÉRALE FRANÇAISE
31, rue de Fleurus — 75278 Paris cedex 06